Mentor

Lektüre · Durchblick

Band 313

HEINRICH BÖLL

Ansichten eines Clowns

Von Christiane Rogler

Mentor Verlag München

Willkommen bei »Lektüre · Durchblick«!

Sie lesen gerade »Ansichten eines Clowns« im Deutsch-
unterricht?

Dann finden Sie hier in knapper und verständlicher Form –
oft auf besonders übersichtlichen Doppelseiten – genau die
Informationen, die Sie jetzt brauchen.

Sie werden sehen: Wenn Sie sich mit diesem Hintergrund
die »Ansichten« nochmals vornehmen, steht dem vollen
Durchblick nichts im Wege. Denn je mehr Sie schon wissen,
desto mehr entdecken Sie selbst im Text – und so macht
Deutsch-Lektüre erst richtig Spaß!

Viel Erfolg!

Autorin und Verlag

Alle Zitate nach:
Heinrich Böll: Ansichten eines Clowns. Roman.
Deutscher Taschenbuch Verlag, München (= dtv 400)
46. Auflage März 2000
© 1963 Verlag Kiepenheuer & Witsch, Köln

Die Autorin:
Christiane Rogler, Gymnasiallehrerin für Deutsch und Sport

Inhalt

Die Thematik	4
Die Handlung in Kürze	5
Die Personen (Schaubild)	6
Die Handlung	8
Hintergrundwissen	19
Der Autor	20
Das Gesamtwerk	22
Der Aufbau des Textes (Schaubild)	24
Die sprachliche Form	26
Der zeitgeschichtliche Hintergrund	28
Die literarische Form	32
Die Wirkung	34
Lese- und Filmtipps	36
Wort- und Sacherklärungen	38
Interpretation	40
Aufgaben mit Lösungstipps	58

Die Thematik

Böll schildert die durchaus subjektiven *Ansichten* eines Außenseiters der Gesellschaft, der auf alle Erscheinungsformen von Macht allergisch reagiert. In bitterer Satire attackiert dieser gesellschaftliche Normen und deckt ihren Einfluss bis in die private Liebesbeziehung auf.

Bölls viel diskutierter Erfolgsroman schildert *Ansichten* des Clowns Hans Schnier und *Augenblicke* seines Lebens. Schnier verteidigt seine individuelle Freiheit gegen jegliche gesellschaftliche Einschränkung und Norm und kritisiert alle politischen und religiösen Standpunkte. Rechte und Linke, Reiche und Arme, Protestanten, Katholiken und Atheisten werden gleichermaßen von ihm angegriffen. Er entlarvt die Verlogenheit der miefigen Fünfzigerjahre, in denen viele einflussreiche Personen ihre nationalsozialistische Vergangenheit zu verdecken suchen.

In der Figur des Clowns spiegelt Böll den Konflikt zwischen dem Recht des Individuums auf Selbstbestimmung und dem Anspruch einer über den Einzelnen hinausgehenden gesellschaftlichen Ordnung. Hans Schniers Widerstand richtet sich gegen die Welt der Heuchelei, der Entsinnlichung und der sterilen Kopflastigkeit. Er demaskiert seine Feinde und setzt seine Wirklichkeit dagegen, zeigt alternative Haltungen und blickt analysierend auf Details. Selbst seine Liebesbeziehung zu Marie unterliegt diesen von ihm nicht akzeptierten *abstrakten Ordnungsprinzipien* und scheitert letztlich daran. Schnier gibt seinen Kampf dennoch nicht auf.

Viele Kritiker meinen auch, es sei ein Liebesroman.

Die Handlung in Kürze

»Ansichten eines Clowns« schildert aus der durchgehend subjektiven Perspektive des Clowns Hans Schnier, wie dieser im Verlauf eines einzigen Abends versucht, seine Freundin Marie zurückzugewinnen und seine katastrophale finanzielle Situation zu verbessern.

Nach einer missglückten Tournee kommt der Clown Hans Schnier abends mit einer Knieverletzung und leeren Taschen in seine Bonner Wohnung zurück. Er ist beruflich schwer angeschlagen und fühlt sich einsam, da ihn seine Freundin Marie, die er liebt, verlassen hat.

Er führt lange Telefonate mit verschiedenen Bekannten aus dem „Kreis fortschrittlicher Katholiken", mit seiner Mutter und seinem Bruder. Er ist auf der Suche nach Marie und braucht Geld.

Alle Gespräche sind ein Fehlschlag, er bekommt keine finanzielle Unterstützung und muss erfahren, dass Marie mit dem Katholiken Züpfner auf Hochzeitsreise in Rom ist.

Auch der einzige Besuch des Abends bleibt enttäuschend. Sein reicher Vater möchte ihm eine solide künstlerische Ausbildung finanzieren. Hans Schnier lehnt jedoch ab und fordert Geld für seinen Lebensunterhalt. Er erfährt, dass dies für seinen Vater keine vernünftige, Gewinn bringende Investition ist. Hans Schnier reflektiert über die Macht des Geldes.

Nach etwas mehr als drei Stunden begibt sich Schnier, weiß geschminkt, mit einer Gitarre und einem Bettelhut an den Bahnhof. Der Clown will sich seinen Lebensunterhalt durch Almosen sichern und den Kampf um Marie erneut aufnehmen. Er wartet dort auf ihre Rückkehr aus den Flitterwochen.

Die Personen

Die Figuren, die in dem Ich-Roman mitwirken, erscheinen nur aus der subjektiven Perspektive des Clowns Hans Schnier. Er ist das Zentrum, das Auge. Alle Personen und ihr Verhältnis zueinander existieren ausschließlich aus seiner Sicht. Schniers Verbindung zur „Außenwelt" ist das Telefon. Dieses

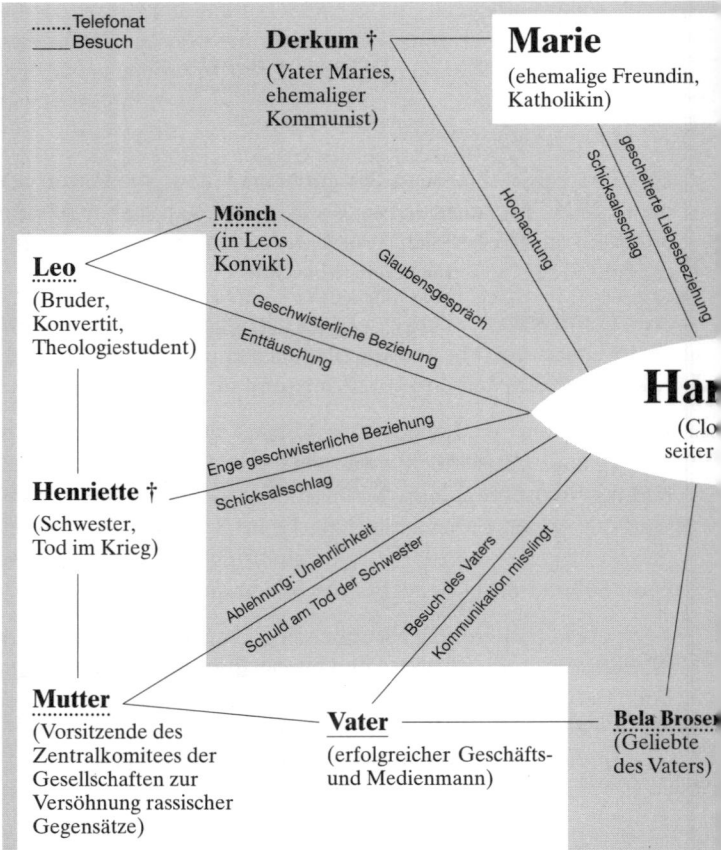

.... Telefonat
_____ Besuch

Derkum †
(Vater Maries,
ehemaliger
Kommunist)

Marie
(ehemalige Freundin,
Katholikin)

geschelterte Liebesbeziehung

Schicksalsschlag

Hochachtung

Mönch
(in Leos
Konvikt)

Glaubensgespräch

Leo
(Bruder,
Konvertit,
Theologiestudent)

Geschwisterliche Beziehung

Enttäuschung

Enge geschwisterliche Beziehung

Henriette †
(Schwester,
Tod im Krieg)

Schicksalsschlag

Ablehnung: Unehrlichkeit

Schuld am Tod der Schwester

Besuch des Vaters

Kommunikation misslingt

Han
(Clo
seiter

Mutter
(Vorsitzende des
Zentralkomitees der
Gesellschaften zur
Versöhnung rassischer
Gegensätze)

Vater
(erfolgreicher Geschäfts-
und Medienmann)

Bela Brose
(Geliebte
des Vaters)

6

Medium verstärkt die subjektive Perspektive. Es verdeutlicht aber auch die bewusste Abgrenzung und Distanz Schniers zu seinen Mitmenschen, die häufig nur schemenhaft erscheinen. Unmittelbare Begegnung findet nur beim Besuch des Vaters statt, wobei diese durch das Abschweifen des Clowns in seine Gedankenwelt häufig gebrochen wird. Der Leser ist also gezwungen, ausschließlich dem Clown und seiner Wahrnehmung zu folgen.

auf Hochzeitsreise

Heribert Züpfner (kath. Verbandsfunktionär)

Sommerwild (Prälat)

Kinkel (Kopf des Kreises, Jurist und Sozialpolitiker)

Blothert (Politiker, rechter Gegenspieler Kinkels)

von Severn (Konvertit, SPD-Mitglied)

Herr und Frau Fredebeul (er: CDU-Politiker)

Gegenspieler

chnier

Ben-
sellschaft)

attackiert alle „unredlichen" Katholiken, ekelt sich vor kath. Kleingeist und Selbstzufriedenheit

„Kreis fortschrittlicher Katholiken"

Affinität

Trost

Monika Silvs (Kreismitglied)

Sabine und Karl Emonds (sie: Mutter, er: Studienrat)

Heinrich Behlen (Kaplan)

Edgar Wieneken (Kulturreferent der SPD)

Hilfsbereite und „ehrliche" Katholiken

fliche Beziehung

ohrerer (Künstleragent)

Kostert (Veranstalter)

© Mentor

Die Handlung

Die folgende Wiedergabe der Handlung orientiert sich an dem Ablauf des Romans. Dabei werden die 25 Kapitel in sechs inhaltlich zusammenhängende Blöcke gefasst.
Das Schaubild auf Seite 24f. zeigt dies in der Übersicht.

Vorbemerkung zur Struktur des Romans

Die Handlung ist auf zwei ineinander übergehenden Zeitebenen angelegt: dem Jetzt und dem Einst. Die Vordergrundhandlung, das Jetzt, umfasst den Zeitraum eines Abends; die zweite Ebene, die der Erinnerung, reicht bis in die Kindheit der Hauptperson Hans Schnier zurück. Der Roman springt ständig zwischen diesen beiden Ebenen und wechselt zwischen Reflexionen, Erinnerungen, Visionen und der unmittelbaren Gegenwart. Zudem ist er durchsetzt von kritischen und satirischen Elementen.[1]

Der Clown stellt sich vor (Kapitel 1)

Im ersten Kapitel wird die Ausgangslage des Romans umrissen: Der Clown schildert seinen beruflichen Abstieg und seine private Situation.

Kapitel 1: Der Roman beginnt mit der abendlichen Ankunft des Clowns Hans Schnier am Bonner Bahnhof und einer Darstellung seiner Sichtweise der eigentümlichen Automatik und Regelhaftigkeit von Ankunft und Abfahrt. Sogleich stellt sich der Ich-Erzähler vor:

> *Ich bin ein Clown, offizielle Berufsbezeichnung: Komiker, keiner Kirche steuerpflichtig, siebenundzwanzig Jahre alt [...].* (S. 8)

Der Held des Romans weist einige Besonderheiten auf: Er leidet von Natur aus unter Kopfschmerz und Melancholie, ist dem Alkohol zugewandt, kann am Telefon Gerüche wahrnehmen und singt häufig liturgische Texte und Melodien, um seine Schmerzen zu bekämpfen und um sich zu beruhigen. Hans Schnier befindet sich in einer tiefen persönlichen und beruflichen Krise, seitdem ihn Marie, seine Geliebte, verlassen hat, um den Katholiken Heribert Züpfner zu heiraten.

Die Einsamkeit und der Alkohol haben Folgen: Hans Schnier, beruflich schwer angeschlagen, kehrt nun von einem missglückten Auftritt zurück, bei dem er sich am Vortag *mehr oder weniger absichtlich* (S. 29) eine Knieverletzung zuzog. An diesem Morgen erreichte ihn ein Telegramm seines Agenten Zohnerer: Zwei Auftritte wurden abgesagt. Zudem hatte Schnier einen telefonischen Disput wegen Honorarfragen mit dem Veranstalter Kostert.

Schniers Abstieg manifestiert sich schon vor Beginn der eigentlichen Handlung und sein Weg in die *Gosse* (S. 13) scheint ihm nach dem Verlust Maries vorprogrammiert.

Der Clown stellt sein Umfeld vor (Kapitel 2–8)

Durch die Schilderung einzelner Erlebnisse in dem „Kreis fortschrittlicher Katholiken", mit seiner Familie und Marie werden die für Schnier wichtigen Personen vorgestellt. In diesem Block ist die Erinnerungsebene dominant.

Kapitel 2: Schnier kehrt mit einer einzigen Mark in der Tasche in seine Wohnung zurück. Er konstatiert sein fürchterlichstes Leiden: seine Anlage zur Monogamie.

---

1 Sehr lesenswert ist der Textkommentar von K.-H. Götze (s. u. S. 37), S. 22–44.

Sein Gedankenfluss leitet über zu einem Treffen des „Kreises fortschrittlicher Katholiken", zu dem ihn Marie, die selbst gläubige Katholikin ist, mitnahm. Schnier, der konfessionslose Clown, fühlte sich deplatziert und angewidert: *Schon die ersten Augenblicke in diesem Kreis waren fürchterlich* (S. 17). Sein Unbehagen steigert sich während des Abends, der unter dem Thema *Armut in der Gesellschaft, in der wir leben* (S. 18) stand, bis zum Höhepunkt: Kinkel, der Kopf des Kreises, erzählt dazu eine *ekelhafte Anekdote* (S. 234). Schnier beobachtet, dass der wohlsituierte Kreis die eigenen gesellschaftlichen Vorteile zu überdecken und das soziale Elend zu verharmlosen versucht. Der religiöse Zirkel im Umfeld Schniers ist damit erstmals kurz vorgestellt (vgl. Kapitel 9).

Kapitel 3: Eine kurze Passage folgt, die die unmittelbare Gegenwart beschreibt. Für Schniers Wohlbefinden hat wie so oft Monika Silvs gesorgt (Blumen, Essen, Trinken…). Auch das Telefon ist angeschlossen: Es *war die einzige Waffe, die mir geblieben war, und ich würde bald Gebrauch davon machen* (S. 21).

Kapitel 4: Schniers Familie wird vorgestellt. Er stammt aus einer sehr wohlhabenden protestantischen Industriellenfamilie. Seine Eltern und sein Bruder Leo, der vor kurzem zum Katholizismus konvertiert ist, leben auch in Bonn. Die Beziehung zu seinen Eltern ist tief gestört: *Seit dem Tod meiner Schwester Henriette existieren meine Eltern für mich nicht mehr als solche* (S. 22). Den Tod der Schwester, die sich 1945 zur Flak meldete und aus dem Krieg nicht wiederkehrte, lastet Hans seiner Mutter an, die Henriette zu diesem Einsatz ermuntert hatte:

> *Ich sah Vater an. Er blickte auf seinen Teller und sagte nichts. Auch Leo schwieg, aber als ich meine Mutter noch einmal ansah, sagte sie mit ihrer sanften Stimme: „Du wirst doch einsehen, daß jeder das Seinige tun muß, die jüdischen Yankees von unserer heiligen deutschen Erde wieder zu vertreiben."* (S. 24)

Der sinnlose Tod der Schwester stellt im Leben des Hans Schnier einen wesentlichen Einschnitt dar. Immer wieder tauchen Kindheitserinnerungen auf, die die Sinnlosigkeit des Krieges und die Menschenopfer beklagen. So auch in einer weiteren Episode aus dieser Zeit: Der junge Hans Schnier tituliert seinen Jungvolkführer Kalick als *Nazischwein* (S. 26), ohne genau zu wissen, was dies bedeutet. Nur durch das Eingreifen des Vaters wird der Sohn vor der von Kalick und dem Lehrer Brühl geforderten *unnachgiebige[n] Härte* (S. 27) gerettet.

Kapitel 5: Dieses Kapitel spielt überwiegend in der Gegenwart. Hans Schnier erstellt eine Telefonliste all der Personen, von denen er eventuell Geld bekommen könnte, und telefoniert als Erstes mit seiner Mutter, die mittlerweile *Präsidentin des Zentralkomitees der Gesellschaften zur Versöhnung rassischer Gegensätze* (S. 30) ist.

Schon an ihrer Stimme merkt er, dass sich an ihrer Haltung nichts geändert hat: Das Vergessen ist ihr oberstes Prinzip. Sie wehrt jede Auseinandersetzung mit der nationalsozialistischen Vergangenheit – auch ihrer eigenen – ab. Es bestätigt sich, dass Hans Schnier von ihr kein Geld zu erwarten hat.

Kapitel 6: Hans beschließt, um Marie zu kämpfen. Diese Überlegung leitet über zu Kapitel 7, das den Beginn der Liebesbeziehung ausführlich schildert, während Kapitel 8 die Trennung der beiden thematisiert.

Kapitel 7: Hans Schnier besucht als 21-jähriger Untersekundaner die kurz vor dem Abitur stehende Marie. Er beabsichtigt, mit ihr „*diese Sache*" (S. 46) zu tun. Eine Liebesbeziehung beginnt und Marie weiß, dass sich ihr Leben komplett ändern wird, sie das Internat und ihren Vater verlassen muss. Maries Vater wird von Hans Schnier vor allem wegen seiner politischen und moralischen Geradlinigkeit und Konsequenz sehr geschätzt: *Er ist der einzige Mann, den ich je geküßt habe* (S. 69).

Kapitel 8: Schnier versucht, seinen Bruder, der katholische Theologie studiert, im Konvikt zu erreichen. Er dringt jedoch nur bis zu einem Mönch vor, der Telefondienst hat. Schnier nimmt durch das Telefon Kohlgeruch wahr und reflektiert über seine sinnlichkeitsdämpfende Wirkung und das *„fleischliche Verlangen"* (S. 76).

Erinnerungen an Marie leiten die Erzählung von der Trennung ein. Hans Schnier und Marie waren sich uneinig, weil er keine Notwendigkeit sah, sich standesamtlich trauen zu lassen. Nur sehr widerstrebend und ohne von Maries *Ordnungsprinzipien* (S. 83) überzeugt zu sein, erklärt er sich bereit, Marie zu heiraten und ihre zukünftigen gemeinsamen Kinder katholisch erziehen zu lassen. Vor allem wegen ihrer unterschiedlichen Einstellungen zur Religion verlässt ihn Marie daraufhin nach fünfjähriger Beziehung in *„metaphysischem Schrecken"* (S. 29, vgl. S. 83), um den Katholiken Züpfner zu heiraten. Prälat Sommerwild unterstützte sie dabei. Seitdem schrieb Schnier viele Briefe an die Adresse Fredebeuls, ebenfalls Mitglied des Kreises, in der Hoffnung, dass dieser sie an Marie weiterleitet.

Der Clown versucht, über den Kreis Kontakt mit Marie aufzunehmen (Kapitel 9–14)

Der Leser kennt nun den Kreis, Schniers Familie und Marie, also die Vorgeschichte. Verschiedene Handlungselemente und Motive tauchen im Folgenden immer wieder in neuen Erinnerungen und Reflexionen des Clowns auf. Hans Schnier gibt Marie nicht auf und versucht, ihren Aufenthaltsort zu erfahren.

Kapitel 9: Schnier ruft bei Fredebeuls an, in der Hoffnung, von ihnen Maries Aufenthaltsort zu erfahren. Frau Fredebeul verhält sich abweisend und teilt ihm mit, dass seine Briefe Marie nie erreichten. Der Clown ist verzweifelt, er hatte solche Ablehnung nicht erwartet. Schniers Enttäuschung leitet die Erinnerung an ein Treffen des Kreises ein, bei dem sich Kinkel moralisch verpflichtet fühlte, *Fredebeuls Braut auszurichten* (S. 86). Schnier hält alle Katholiken, vor allem aber Herrn Fredebeul, für mehr oder weniger *opportunistische Schwätzer* (S. 89). Er überlegt, ob er Kinkel anrufen solle, und erinnert sich an den ersten Abend im Kreis (vgl. Kapitel 2). Diverse Peinlichkeiten und vor allem der Streit zwischen ihm und Sommerwild bestimmten den Abend. Sommerwild erzählte von dem katholischen Schriftsteller Besewitz, der eine geschiedene Frau heiratete. Diese Anekdote, die zeigen sollte, wie großzügig die katholische Kirche ist, löste die Meinungsverschiedenheit aus.

Schnier ruft Kinkel an, der wie Fredebeul dem politisch links stehenden Flügel des Kreises angehört. Er streitet mit ihm und ist angewidert von seiner oberflächlichen, formalen Art, über das heilige Sakrament der Ehe zu sprechen. Für Schnier i s t Marie seine Frau, die nun Ehebruch begeht. Kinkel bezeichnet Schniers Haltung als *romantische[n] Anarchismus* (S. 99). Schnier ist wütend und gibt vor, sich Sorgen um Maries Seelenheil zu machen:

> *Es ist Unzucht und Ehebruch, was sie begeht, und Prälat Sommerwild spielt dabei die Rolle des Kupplers.* (S. 101)

In **Kapitel 10** reflektiert der Clown über Kunst, Frauen, Filme, den Feierabend von Künstlern und denkt an die Mensch-ärgere-dich-nicht-Spiele mit Marie. Er erinnert sich auch an Henriette und seine Mutter.

Kapitel 11: Schnier schmiedet insgeheim Mordpläne gegenüber Prälat Sommerwild, dem er vorwirft, dass er Marie *Ordnungsprinzipien [...] zu fressen gegeben hatte* (S. 115). Schniers Abscheu steigert sich. Der politisch rechte Flügel des Kreises, dem Sommerwild, Blothert und Züpfner angehören, wird vorgestellt und die christliche

Kaltherzigkeit Blotherts (u. a. seine Befürwortung der Todesstrafe) abwertend aufgedeckt. Schniers Agent Zohnerer beweist seine Geschäftstüchtigkeit, als er ihn anruft und ihm Ratschläge zu geben versucht.

In **Kapitel 12** wird eine Episode mit einem Schuljungen erzählt. Zwischen Marie und Hans entstand Streit. Dieser völlig belanglose Anlass zeigt, dass die Übereinstimmung der beiden schon vor ihrer Trennung ins Wanken geriet und sich Konflikte anbahnten.

Kapitel 13 ist der Höhepunkt dieses Kapitelblocks. Schnier erhält einen Anruf von Sommerwild und erfährt, dass Marie mit Züpfner auf Hochzeitsreise nach Rom gefahren ist. Es kommt zum Eklat: Schnier fehle *die geringste Vorstellung von R e c h t und G e s e t z. Diese Dinge [...] müssen doch geregelt werden* (S. 142). Dieser heftigen Diskussion schließt sich eine Vision von Züpfner und Marie bei einer Papstaudienz an.

In **Kapitel 14** stellt sich Schnier das zukünftige gemeinsame Leben von Züpfner und Marie vor.

Der mittellose Clown wird mit der Macht des Geldes konfrontiert (Kapitel 15–21)

Nachdem der Clown erfahren musste, dass Marie geheiratet hat und auf Hochzeitsreise in Rom ist, kümmert er sich verstärkt um seinen Lebensunterhalt.

Kapitel 15: Der unerwartete Besuch von Schniers Vater wird zum Schlüsselkapitel. Der fast siebzigjährige Vater strahlt Güte aus, ist ein wohlsituierter und sehr auf Manieren bedachter Mann. Schniers Vater hatte den besten Theaterkritiker der Bundesrepublik beauftragt, ein Gutachten über die künstlerische Qualifikation seines Sohnes zu erstellen. Auf dessen Empfehlung hin will er nun dem

Sohn eine solide Ausbildung als Pantomime finanzieren, die dieser jedoch entschieden ablehnt, weil er sich nicht binden will und selbstständig weiterarbeiten möchte. Es entwickelt sich eine lange und bewegte Unterhaltung, die die gemeinsame Vergangenheit thematisiert. Schließlich verabschiedet sich der Vater, ohne dem Sohn die geringste finanzielle Unterstützung zuteil werden zu lassen. Hans Schnier stellt fest, dass es die Macht des Geldes sein muss, die seinen Vater *so hart und so stark* (S. 189) gemacht hat.

Kapitel 16: Der Versuch, von Bela Brosen, der Geliebten seines Vaters, Geld zu bekommen, scheitert. Der Clown wirft seine letzte Mark buchstäblich aus dem Fenster.

Kapitel 17: Beim Durchblättern der Abendzeitung entdeckt Hans Schnier die Notiz, dass Dr. Herbert Kalick, seinem Jungvolkführer (vgl. Kapitel 4), das Bundesverdienstkreuz *wegen „seiner Verdienste um die Verbreitung des demokratischen Gedankens in der Jugend"* (S. 202) verliehen wurde. Er erinnert sich an ein Zusammentreffen mit ihm, dessen Frau und Marie. Dieses Treffen endete mit einer Ohrfeige, die Schnier Kalick verpasste, weil er ihn für einen Heuchler hielt. Schnier überlegt, ob er Kalick anrufen soll, um ihn provokativ nach seiner Vergangenheit zu fragen. Diesen Gedanken verwirft er zornig.

Kapitel 18: Stattdessen ruft er zum zweiten Mal im Konvikt an, erreicht aber wieder nur den Mönch (vgl. Kapitel 8). Er wird sich langsam seiner finanziellen Situation bewusst und versinkt in Gedanken. Er erinnert sich an Maries erste Fehlgeburt und an ihre qualvollen Befürchtungen, dass die ungetaufte Seele des ungeborenen Kindes nicht in den Himmel kommen würde: *[I]ch erfuhr in dieser Nacht zum erstenmal, welche scheußlichen Sachen die Katholiken im Religionsunterricht lernen* (S. 214).

Kapitel 19: Hans Schnier ruft Monika Silvs an, die jedoch keine Zeit hat, ihn zu besuchen. Sie tröstet ihn und spielt auf seinen Wunsch hin auf dem Klavier eine Mazurka von

Chopin. Damit begeht Hans Schnier eine *Art Selbstmord* (S. 227), weil er eine vergangene Situation wieder aufleben lässt: Leo hatte eben diese Mazurka geübt, als Hans Schnier nach der ersten gemeinsamen Nacht mit Marie nach Hause kam. Auch in diesem Kapitel reflektiert der Clown über Geld, diesmal über die Art, wie Marie mit Geld umging. Eingeflochten ist außerdem eine Zukunftsvision des Lebens von Marie mit Züpfner. Schnier denkt, dass Marie dabei nie glücklich werden kann.

Kapitel 20: Sabine Emonds, die Frau eines ehemaligen Schulkameraden von Schnier, ruft besorgt an. Sie spendet ihm etwas Trost und bietet ihm ein *Töpfchen Suppe* (S. 231) an, das sie immer für ihn auf dem Herd stehen habe.

Kapitel 21: Hans Schnier reflektiert über die ständigen Geldsorgen der Emonds, die vom katholischen Kinderreichtum herrühren. Schnier wird nun endgültig klar, dass er keinen Pfennig mehr besitzt.

Der Clown wägt Lebensalternativen ab: Die Suche nach einer institutionellen Heimat (Kapitel 22–24)

Dem Clown Hans Schnier ist nun klar, dass er Marie verloren hat und dass seine finanzielle Situation nahezu ausweglos ist. Er eruiert Lebensperspektiven.

Kapitel 22: Hans Schnier durchdenkt eine mögliche Hinwendung zu einer christlichen oder auch politischen Richtung. Seine Wahl scheint ihm jedoch begrenzt: entweder Anpassung an die Kirche oder an das Kapital. Schniers antikapitalistische Tendenzen standen schon einmal auf dem Prüfstand. Er erinnert sich an ein berufliches Zusammentreffen mit Funktionären, Theologen und *Kulturfrit-*

zen (S. 237) während einer DDR-Tournee. Aber auch dort wurden *bestimmte Erscheinungsformen kleinbürgerlicher Anarchie* (S. 238) missbilligt, gemeint war das uneheliche Zusammenleben von Marie und Hans. Diese Episode machte Schnier klar, dass der Kommunismus seine geistige Heimat nicht sein kann. Der sich anschließende Gedankengang führt den Clown zu der quälenden Vision von *Marie als first lady des deutschen Katholizismus* (S. 241).

Kapitel 23: Schnier überlegt kurze Zeit, ob er sich nicht der evangelischen Kirche zuwenden könnte, verwirft dies jedoch schnell, genauso schnell wie den Gedanken einer Annäherung an die SPD, da er seinem Freund Edgar Wieneken, der diese Richtung vertritt, nichts vormachen kann und will. Er begegnet seinem Gesicht im Spiegel:

> *Es war das Gesicht eines Selbstmörders, und als ich anfing, mich zu schminken, war mein Gesicht das Gesicht eines Toten.* (S. 250)

Noch einmal erinnert er sich an Henriette. Als die Familie von ihrem Tod erfuhr, verbrannte Hans wie ein Wahnsinniger all ihre Sachen. Dieser schrecklichen Erinnerung folgt ein Plan: Schnier gibt nicht auf und will als singender Bettler auf der Bahnhofstreppe auf Marie warten. Er möchte seinen Lebensunterhalt durch Almosen sichern und erneut um Marie kämpfen. Nun kann er sich mit dem Tod auseinander setzen und überlegt, wie seine Umgebung auf seinen Tod reagieren würde. Schließlich mündet diese Nachdenklichkeit in die Erkenntnis: *Merkwürdigerweise mag ich die, von deren Art ich bin: die Menschen* (S. 260).

Kapitel 24: Leo ruft aus dem Konvikt an. Er habe etwas Geld für Hans, könne jedoch wegen der strengen Konviktordnung an diesem Abend nicht kommen. Enttäuscht bittet Schnier seinen Bruder noch um die Telefonnummer des Priesters Heinrich Behlen, erfährt aber von Leo, dass Behlen mit einem jungen Mädchen spurlos verschwunden ist. Edgar Wieneken sei auch nicht erreichbar, da er eine

Studienreise im Ausland unternehme. Leo bittet seinen Bruder um Verständnis für seine Situation, verweigert ihm jedoch die Anteilnahme, die dieser so dringend benötigt.

Der Clown bricht zum Bahnhof auf (Kapitel 25)

Der schon zu Romanbeginn vorprogrammierte Weg vollzieht sich und der Clown landet *in der Gosse* (S. 11).

Kapitel 25: Schnier erinnert sich an seinen Bruder Leo und an eine Begebenheit mit seinem Vater. Dieser hatte kurz vor Kriegsende Frau Wieneken und eine andere Frau durch sein energisches Auftreten davor bewahrt, wegen Spionage und Sabotage erschossen zu werden. Schniers Mutter war es lediglich peinlich, dass er und der beteiligte Offizier sich anschrien. Der Clown geht in Gedanken die für ihn wichtigen Personen durch und reflektiert ihre Reaktion auf seinen gesellschaftlichen Abstieg. Mit seinem Vater hat er Mitleid. Der Clown konstatiert, dass Marie für ihn gestorben sei, wenn sie ihn als bettelnden Clown sehen und dennoch bei Züpfner bleiben würde. Der Clown begibt sich zum Bahnhofsvorplatz, seinem zukünftigen Arbeitsplatz. Er bemerkt, dass Karneval ist, und findet sich als Professioneller unter Amateuren gut aufgehoben:

> *Ich erschrak, als die erste Münze in meinen Hut fiel: Es war ein Groschen, er traf die Zigarette, verschob sie zu sehr an den Rand. Ich legte sie wieder richtig hin und sang weiter.* (S. 275)

Selten hat ein Buch der Nachkriegszeit so viel kontroverse Diskussionen ausgelöst und so viele Menschen angesprochen und betroffen gemacht wie die »Ansichten eines Clowns«. Warum ist das so?

Was hat sich Böll wohl dabei gedacht, drei Stunden aus dem Leben eines Clowns zu schildern, Kindheitsepisoden einzuarbeiten, eine leidvolle Liebesgeschichte darzustellen, die an gesellschaftlichen Zwängen scheitert, und den katholischen Mief der 50er- und 60er-Jahre anzukreiden? Ist diese Zeit nicht schon lange vorbei?

Nun gilt es, genauer hinzusehen!

✔ Wer war Böll, was wollte er bewirken?
✔ Welche anderen Bücher hat er verfasst?
✔ Welche Themen interessierten Böll besonders?
✔ Zu welcher Zeit ist dieser Roman entstanden?
✔ Wie ist der Roman aufgebaut?
✔ Mit welchen sprachlichen Mitteln arbeitete Böll und wie ist ihre Wirkung?
✔ Wie wurde der Roman von seinen Lesern angenommen, wie beurteilten ihn die Kritiker?

Diese und viele weitere Fragen werden im folgenden Kapitel „Hintergrundwissen" auf übersichtlichen Doppelseiten beantwortet.

Der anschließende Interpretationsteil zielt auf die inhaltlichen und formalen Besonderheiten des Romans, beleuchtet sie genauer und arbeitet Schwerpunktthemen heraus.

Schließlich folgt ein Abschnitt mit Aufgaben und Lösungstipps, der praktische Hilfestellung für Unterricht und Abitur leistet.

Der Autor

* 21. 12. 1917 in Köln
† 16. 07. 1985 in Bornheim-
Merten bei Bonn

Böll gilt als einer der wichtigs-
ten deutschen Erzähler nach
dem Krieg. 1972 erhielt er den
Nobelpreis für Literatur.

Bölls literarisches Werk ist stark geprägt von seiner Biografie.
Eine Vielzahl von Motiven und Themen verbindet sich mit seinem Leben, seinen Erfahrungen.

Böll wuchs in einer katholisch geprägten Kunsttischlerfamilie
in Köln auf. Nach glücklicher Kindheit erfuhr er durch den
wirtschaftlichen Niedergang der väterlichen Firma die Folgen
der Weltwirtschaftskrise, später den Terror des Naziregimes.
Er begann 1939, nach abgebrochener Buchhändlerlehre, das
Studium der Germanistik und Altphilologie, wurde jedoch im
selben Jahr zum Reichsarbeitsdienst einberufen und als Soldat
an verschiedenen Fronten eingesetzt.

1945 kehrte Böll nach amerikanischer und britischer Kriegsge-
fangenschaft geschwächt und für längere Zeit nahezu arbeits-
unfähig in das zerstörte Köln zurück, setzte formell sein
Studium fort und lebte von wechselnden Arbeiten als Hilfs-
schreiner und Angestellter.

1947 begann Böll Erzählungen und Kurzgeschichten zu publi-
zieren. Die bevorzugte literarische Gattung, nicht nur Bölls,
war damals die Kurzgeschichte, die sehr konzentriert das
erzählte Geschehen wiedergibt. Bölls Erfahrungen aus der
Kriegs- und Nachkriegszeit flossen immer wieder in seine Arbeiten ein. Er schrieb literarische Anklagen gegen den Krieg

und bezeichnete sein Schaffen während der ersten Nachkriegsjahre als einen Beitrag zur so genannten „Trümmerliteratur" (vgl. unten S. 28f.). Damit ist das Streben nach authentischer und provozierender Wirklichkeitsdarstellung gemeint.

Seit 1951 war Böll freier Schriftsteller. Er war in den 50er-Jahren ein wichtiger Kritiker der beginnenden Wohlstandsgesellschaft und der Wiederaufrüstung. In den 60er-Jahren wurde Böll zu einem prominenten Schriftsteller und zeigte sich als kritischer und z. T. aggressiver Demokrat. Er entwickelte die Figur des Außenseiters, der sich von der Gesellschaft bewusst abwendet. In satirischen Erzählungen wie auch in den »Ansichten eines Clowns« findet sich diese Figur.

Der Nobelpreis für Literatur, der ihm 1972 verliehen wurde, bestätigte und verstärkte sein internationales Ansehen und Gewicht. Dieses nutzte er, indem er u. a. die Studentenbewegung, amnesty international und zahlreiche Bürgerinitiativen unterstützte und sich öffentlich gegen den Vietnamkrieg aussprach. Er wurde Präsident des Pen-Clubs, einer internationalen Schriftstellervereinigung, die sich gegen Völker- und Rassenhass und gegen die Unterdrückung freier Meinungsäußerung wendet. Trotz zunehmender Anfeindungen vonseiten der Presse mischte Böll sich in die heikle Terrorismusdebatte ein, weshalb er von der Springerpresse einer Hetzkampagne ausgesetzt wurde. Er unterstützte öffentlich die SPD und die Kandidatur Brandts (vgl. unten S. 28–31).

1976 trat Heinrich Böll aus der katholischen Kirche aus. Einige der Kritikpunkte, die er als Begründung für den Austritt nannte, finden sich schon in den 1963 entstandenen »Ansichten eines Clowns«. Die institutionelle Verwendung des Wortes „christlich" (in den Parteinamen von CDU und CSU), die Kirchensteuer, die Position der katholischen Kirche zur Frage der Empfängnisverhütung und die kirchliche Reglementierung von Liebe und Ehe.

Bis zu seinem Tode wuchs Bölls Werk immer weiter, sein Engagement und seine Gesellschaftskritik ebbten nie ab.

Bölls umfangreiches Werk umfasst die Zeitspanne von 1945 bis 1985. Er war ein politischer Autor, dessen Erzählungen, Glossen, Gedichte, Romane, Satiren, Essays, Interviews, Reden und Hörspiele auch immer Stellungnahme zu tagespolitischen Ereignissen bedeuteten. Es folgt eine Skizze der längeren Erzählungen und Romane:

1951 Wo warst du, Adam?

Bölls erster Roman schildert in neun Episoden die Kriegserlebnisse einzelner Soldaten. Die wichtigste Figur ist der rangniedrigste Soldat Feinhals. Böll sucht nach Menschlichkeit und klagt die Sinnlosigkeit des Sterbens im Krieg an. Dabei unterscheidet er zwischen Personen, die zu Versagern werden (meist ranghöhere Offiziere), und anderen, die in den Tod gehen.

1953 Und sagte kein einziges Wort

In diesem sozialkritischen Roman, der in einer zerbombten deutschen Großstadt spielt, rekapitulieren die getrennt lebenden Eheleute Bogner Erlebnisse und Erfahrungen ihrer Ehe. Nach einem gemeinsam verbrachten Wochenende scheint die Trennung endgültig zu sein. Doch wenig später erkennt Fred in Käte den Menschen, den zu lieben er nie aufgehört hat.

1958 Dr. Murkes gesammeltes Schweigen

Diese sehr bekannte Satire prangert am Beispiel des Betriebs in einer Rundfunkanstalt die Oberflächlichkeit des kulturellen Neubeginns an.

1959 Billard um halbzehn

Erzählt wird die Chronik einer rheinischen Architektenfamilie über drei Generationen und deren Beziehung zur Abtei St. Anton, die von der ersten Generation erbaut, von der zweiten bei Kriegsende zerstört und von der dritten Generation neu erbaut wird. Die äußere Handlung beschränkt sich auf einen Tag im Jahre 1958, die Erinnerungsebene reicht jedoch bis

1907 zurück. Gegenstand des Romans sind die Folgen der historischen Geschehnisse und die daraus resultierenden seelischen Schäden.

1971 **Gruppenbild mit Dame**
Helene Maria Pfeiffer, 48 Jahre alt, fungiert als symbolische Frauengestalt, die sich gesellschaftlichen Anpassungszwängen konsequent verweigert, auf ihre eigenen Bedürfnisse achtet und ihre Entscheidungen realisiert. Ihr Lebenslauf wird u. a. in Form von montierten Berichten, Protokollen und Gesprächen erzählt. Mit diesem Roman, der als entscheidend für die Verleihung des Nobelpreises für Literatur gewertet wird, schuf Böll eine Figur, die dem Clown Hans Schnier als Hoffnungsträger ähnelt, genauso wie der später folgenden Figur der Katharina Blum.

1975 **Die verlorene Ehre der Katharina Blum oder:**
Wie Gewalt entsteht und wohin sie führen kann
Katharina Blum verliebt sich in einen Bundeswehrdeserteur, der des Terrorismus verdächtigt wird. Aufgrund der folgenden polizeilichen Untersuchung gerät sie in die Schlagzeilen der Sensationspresse, die systematischen Rufmord an ihr betreibt.

1979 **Fürsorgliche Belagerung**
Fritz Tolm ist ein ohnmächtiger Außenseiter im Zentrum der Macht, Wirtschaftsführer und Schlossbesitzer. Seine Familie, Freunde und Bekannte werden vom Überwachungsstaat „fürsorglich belagert". Nach mehreren Ausbruchsversuchen fällt das Schloss einem offenbar terroristischen Anschlag zum Opfer. Der Roman endet in einer Orgie von Zerstörung.

1985 **Frauen vor Flußlandschaften**
In Bölls letztem Roman äußern fiktive Figuren der Bonner Abgeordneten- und Ministerszene ihre Ängste und Sorgen, die sich hauptsächlich auf die Verschwiegenheit und Loyalität ihrer Frauen beziehen.

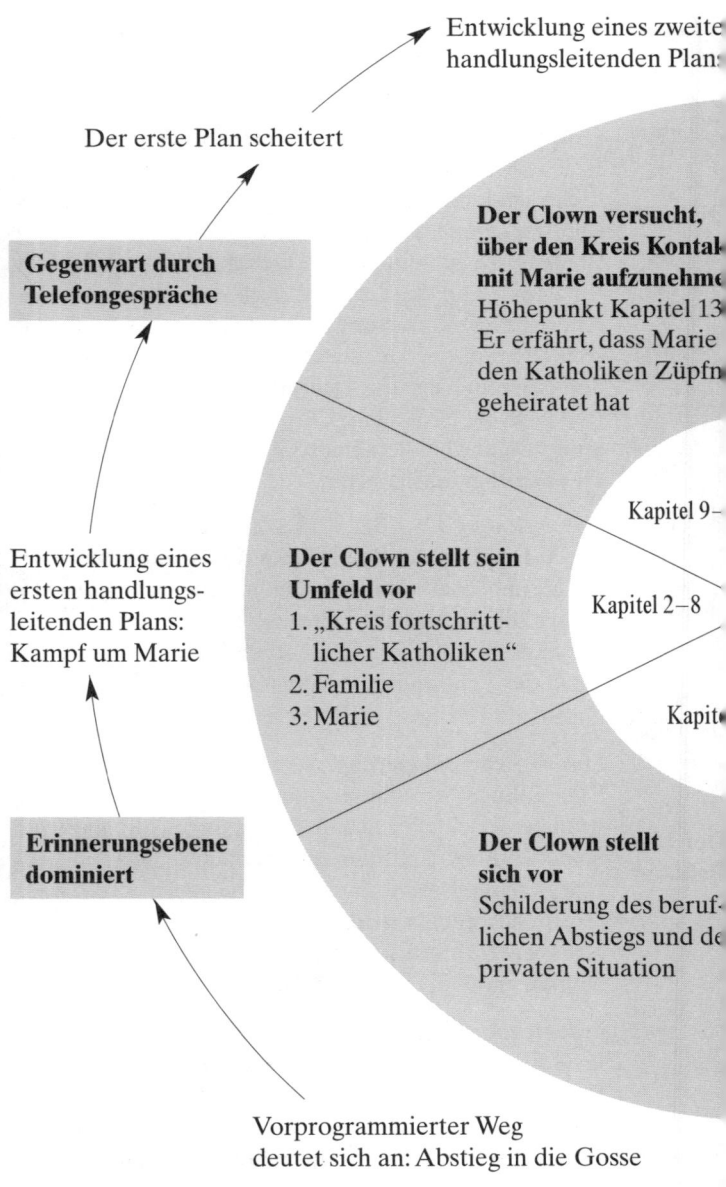

Entwicklung eines zweite
handlungsleitenden Plan:

Der erste Plan scheitert

**Der Clown versucht,
über den Kreis Kontak
mit Marie aufzunehme**
Höhepunkt Kapitel 13
Er erfährt, dass Marie
den Katholiken Züpfn
geheiratet hat

**Gegenwart durch
Telefongespräche**

Kapitel 9–

**Der Clown stellt sein
Umfeld vor**
1. „Kreis fortschritt-
licher Katholiken"
2. Familie
3. Marie

Kapitel 2–8

Entwicklung eines
ersten handlungs-
leitenden Plans:
Kampf um Marie

Kapit

**Erinnerungsebene
dominiert**

**Der Clown stellt
sich vor**
Schilderung des beruf-
lichen Abstiegs und de
privaten Situation

Vorprogrammierter Weg
deutet sich an: Abstieg in die Gosse

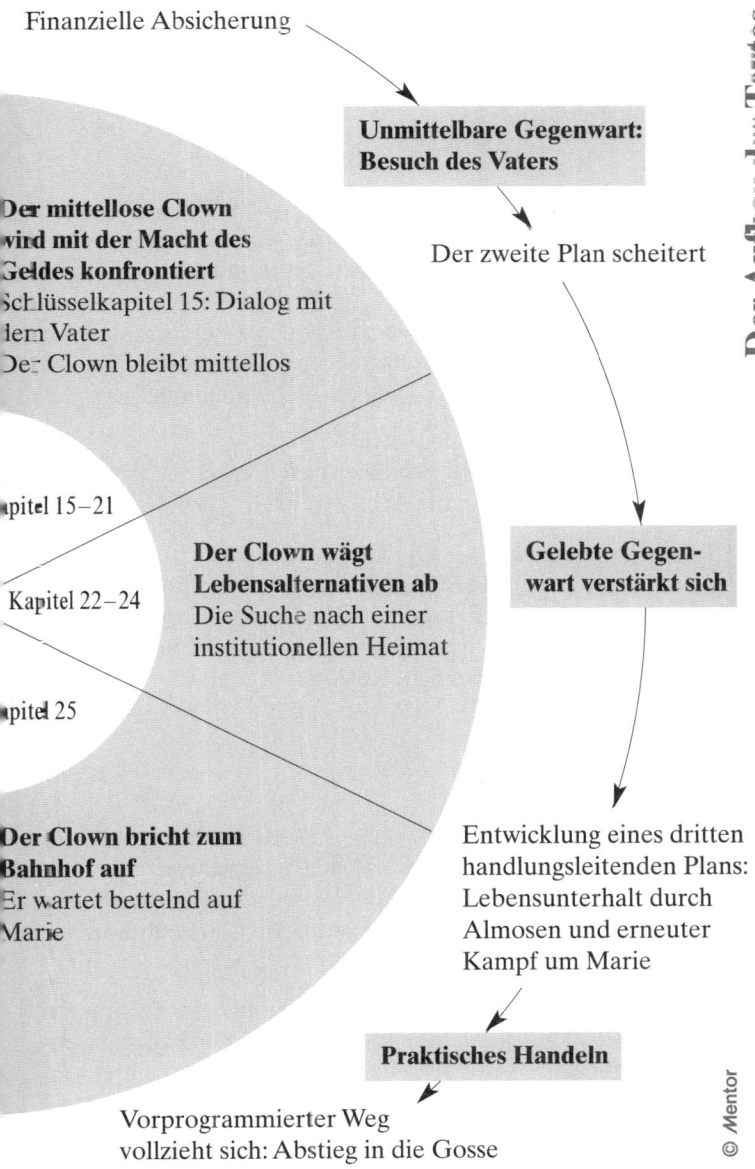

Finanzielle Absicherung

**Unmittelbare Gegenwart:
Besuch des Vaters**

Der zweite Plan scheitert

**Der mittellose Clown
wird mit der Macht des
Geldes konfrontiert**
Schlüsselkapitel 15: Dialog mit
dem Vater
Der Clown bleibt mittellos

Kapitel 15–21

**Der Clown wägt
Lebensalternativen ab**
Die Suche nach einer
institutionellen Heimat

Kapitel 22–24

**Gelebte Gegen-
wart verstärkt sich**

Kapitel 25

**Der Clown bricht zum
Bahnhof auf**
Er wartet bettelnd auf
Marie

Entwicklung eines dritten
handlungsleitenden Plans:
Lebensunterhalt durch
Almosen und erneuter
Kampf um Marie

Praktisches Handeln

Vorprogrammierter Weg
vollzieht sich: Abstieg in die Gosse

© Mentor

Merkmale

••• Anschauliche, klare und lebendige Sprache, viele Detail-schilderungen: Man sieht das Erzählte als Leser vor sich!

••• Lange Sätze mit vielen Nebensätzen unterschiedlichen Grades (Hypotaxe), treffsichere Appositionen, minutiöse Aufzählungen.
Interpunktion: häufige Verwendung von Doppelpunkten und Klammern, viele verschiedene Teile setzen sich all-mählich zu einem Bild – wie im Zeitlupentempo – zusam-men.

••• Aneinander gereihte gleichwertige Hauptsätze (Parataxe) ohne kausale Konjunktionen (da, weil ...) bewirken Er-zähldichte.

••• Häufiger Tempuswechsel: Bedingt durch die eingearbei-tete assoziative Erinnerungsebene, die Gegenwartsbe-schreibung und die Zukunftsebene (Montagestruktur) weist der durchgängige Ich-Monolog häufige Tempus-wechsel auf.

••• Bildhafte und übertriebene Ausdrucksweise: Auf der oberflächlichen Ebene wirkt dies komisch; tiefgehender ist dies jedoch Ausdruck der Kritik an der alltäglichen Monotonie und Automatik: satirische Darstellungsweise als Methode.[1]

••• Betonte Wiederholungen herkömmlichen Sprachgebrauchs (Floskeln) zur Verdeutlichung menschlicher Marionetten-haftigkeit.

---

1 Zu sprachlichen Merkmalen der Satire und des Humors vgl. Teil I des Interpretationskapitels u. S. 40 ff.

Textbeispiele

••••• *Sie wusch sich gründlich Hals, Arme und Brust und putzte sich eifrig die Zähne. [...] ich sah Marie immer gern dabei zu, sie war so sauber und alles so selbstverständlich, sogar die kleine Bewegung, mit der sie den Deckel auf die Zahnpastatube schraubte. (S. 53)*

••••• *Ich bin ein Clown, offizielle Berufsbezeichnung: Komiker, keiner Kirche steuerpflichtig, siebenundzwanzig Jahre alt, und eine meiner Nummern heißt: Ankunft und Abfahrt, eine (fast zu) lange Pantomime, (etc. bis:) [...] vorzubereiten brauche. (S. 8)*

••••• *Seitdem habe ich wirklich mit Leo das Holz durchgesägt – er kann das nicht begreifen. Er ist ein Realist. (S. 199)*

••••• *Ich zögerte* (Präteritum als Erzähltempus für gegenwärtiges Geschehen) *[...]. Marie würde mir* (Konjunktiv Präsens als Vorstellung) *[...], welche Serie von Mißerfolgen mir beschieden gewesen ist [...]* (Perfekt). *Sechs Jahre sind eine lange Zeit [...]* (Präsens, Generalisierung). *Für mich ist ein Junge wie dieser Georg [...]* (Präsens, Ansicht). *Ich sehe den sommersprossigen [...]* (Vergegenwärtigung der Vergangenheit im Präsens). (S. 29 f.)

••••• *Wenn ich mir vorstelle, daß es Clowns gibt, die dreißig Jahre lang dieselben Nummern vorführen, wird mir so bang ums Herz, als wenn ich dazu verdammt wäre, einen ganzen Sack Mehl mit einem Löffel leer zu essen. (S. 109)*

••••• *Seine Frau ist auf jene Art hübsch, daß man nicht weiß, ob sie lebendig ist oder nur aufgezogen [...] ob sie nicht doch eine Puppe war. Alles, was sie zur Konversation beitrug, bestand aus zwei Ausdrücken. „Ach, wie hübsch" und „Ach, wie scheußlich". (S. 203)*

Die »Ansichten eines Clowns« erschienen 1963. Die Handlung des Romans spielt in der unmittelbaren Gegenwart, greift aber häufig auf die Nachkriegsjahre und das Kriegsende zurück. Im Folgenden werden die politische Situation dieser Zeit und Bölls Position kurz dargestellt.

Zur Situation in Deutschland von 1945 bis in die 60er-Jahre – Böll und die „politische Linke"

Nach der bedingungslosen Kapitulation des nationalsozialistischen Deutschlands im Jahr 1945 kündigte sich bereits der Kalte Krieg zwischen den beiden Supermächten USA und UdSSR an. Eine einheitliche Besatzungspolitik mit dem Ziel der wirtschaftlichen und politischen Einheit Deutschlands gelang nicht. Die Gegensätze schienen unüberbrückbar, die Teilung Deutschlands war die bittere Folge.

Das Kriegsende wurde von vielen als geschichtlicher Nullpunkt angesehen und als Neubeginn aufgefasst. Eine tief greifende Auseinandersetzung mit der nationalsozialistischen Vergangenheit fand jedoch nicht statt; in vielen Bereichen (z. B. Justiz, Politik, Wirtschaft) konnten alte Strukturen überdauern. Die Entnazifizierungsverfahren der Alliierten wurden in den einzelnen Besatzungszonen unterschiedlich intensiv betrieben. Die anfänglich rigorose Vorgehensweise wurde wegen des Wiederaufbaus und des beginnenden Kalten Krieges schnell abgemildert. Schließlich wurde die Entnazifizierung, die letztlich inkonsequent und vordergründig blieb, auf deutschen Druck hin noch Ende der 40er-Jahre eingestellt. Zudem behinderte der von westlicher Seite immer wieder drohend angeführte Dämon des Kommunismus und das Beispiel der stalinistischen Diktatur eine sinnvolle Vergangenheitsbewältigung.

Böll kritisiert in seinen Schriften immer wieder die weit verbreitete Tendenz, die nationalsozialistische Vergangenheit zu verdrängen, anstatt sich mit ihr bewusst auseinander zu setzen (vgl. Interpretation, unten S. 50 f.). Er bekannte sich 1952 rückblickend zur so genannten „Trümmerliteratur":

> *Wir schrieben also vom Krieg, von der Heimkehr und dem, was wir im Krieg gesehen hatten und bei der Heimkehr vorfanden: von Trümmern; das ergab drei Schlagwörter, die der jungen Literatur angehängt wurden: Kriegs-, Heimkehrer- und Trümmerliteratur. [...] Die Zeitgenossen in die Idylle zu entführen würde uns allzu grausam erscheinen, das Erwachen daraus wäre schrecklich, oder sollen wir wirklich Blindekuh miteinander spielen?* [1]

Die zunächst zusammen mit der FDP regierende CDU/CSU leitete 1949 eine Periode ein, die mit „Zeit des Wirtschaftswunders", „Adenauer-Ära" oder „Restauration" überschrieben wird. Bundeskanzler Adenauer setzte sich mit dem politischen Konzept der Westorientierung gegen die hauptsächlich sozialdemokratische Opposition durch, die ihre Bemühungen stärker auf die nationale Einheit gerichtet hatte. Das erklärte Ziel Adenauers war die Erweiterung des deutschen Handlungsspielraumes. Er strebte die Aussöhnung mit Frankreich und eine enge politische und wirtschaftliche Zusammenarbeit mit den europäischen Nachbarländern an, die wegen der Zuspitzung des Ost-West-Konfliktes daran sehr interessiert waren. 1955 erfolgten die Aufnahme der Bundesrepublik in die NATO, die Beendigung des Besatzungsregimes und der Aufbau der Bundeswehr. Die Politik der Westintegration setzte sich mit der Gründung der Europäischen Wirtschaftsgemeinschaft und der Aussöhnung mit Frankreich fort. Schließlich akzeptierte die SPD mit dem Godesberger Programm 1959/1960 die bisher umstrittene militärische Einbindung der Bundesrepublik in die westliche Staatengemeinschaft und bejahte die kapitalistische Marktwirtschaft. Die Spaltung Deutschlands vertiefte sich dadurch noch mehr und gipfelte im Bau der Berliner Mauer 1961.

Ein Teil der „politischen Linken", darunter auch Böll, verlor so ihre Heimat. Böll beschreibt 1963 die Lage bildhaft:

---

1 Das Heinrich Böll Lesebuch (s. u. S. 36), S. 96.

>> *Wir nähern uns dem Einparteienstaat, der ein paar linke Flügelchen rauschen lassen wird. Im übrigen: lauter Mitten. Ein Titel für ein Bild: „Zwischen den Mitten", rund wie Mühlsteine müßten die Mitten sein, in dauernder Bewegung um sich selbst, und was dazwischengerät, wird zermahlen.*[1]

Oft wurde die politische Linke angegriffen, die sich aus meist prominenten parteilosen Intellektuellen und Schriftstellern zusammensetzte und gegen Fehlentwicklungen im CDU-Staat und Einschränkungen der Freiheit anschrieb und anredete. Innenpolitische Strukturen, NATO-Beitritt und Atomwaffenorientierung Westdeutschlands wurden angegriffen, vor allem aber der Umgang mit der nationalsozialistischen Vergangenheit. Neben dem Verdrängen des früheren Gewaltstaates ging es immer wieder um den Aufstieg von belasteten Personen in politische Führungspositionen der noch jungen Demokratie.

Einige Schriftsteller, auch Böll, richteten ihren Protest anlässlich des Mauerbaus 1961 an den UNO-Präsidenten. Zudem wurde die geplante Notstandsgesetzgebung massiv abgelehnt, die die Regierung zu Handlungen berechtigte, die nicht von Justiz und Parlament überprüft wurden. Diese Möglichkeit wurde als undemokratisches Handeln angesehen und dennoch 1968 während der Großen Koalition von CDU/CSU und SPD verabschiedet. Die Stimmung zwischen Politikern und kritischen Autoren war zu dieser Zeit sehr angespannt.

Katholizismuskritik Bölls

Bölls kritische Sichtweise der bundesdeutschen Gesellschaft geht einher mit der Kritik am Katholizismus. Gerade diese, nicht nur von Böll gesehene Verbindung von Kirche und Staat kehrt als Thema in vielen seiner Schriften immer wieder und ist ein wesentlicher Bestandteil der »Ansichten«. Im Nachwort zu Carl Amerys Werk »Die Kapitulation oder Deutscher

---

1 H. Böll: Werke: Essayistische Schriften und Reden. Band I
(s. u. S. 36), S. 523, zitiert nach B. Balzer (s. u. S. 37), S. 21f.

Katholizismus heute« erläutert Böll 1963 die politische Seite seiner Katholizismuskritik, die hier im verkürzten Wortlaut wiedergegeben wird:

Was ein deutscher Katholik ist, läßt sich einigermaßen klar definieren: wer katholisch getauft, nicht exkommuniziert ist, seiner deutschen Staatsangehörigkeit nicht verlustig ging oder sich ihrer nicht entledigte. Der deutsche Katholizismus, wie er hier verstanden wird, existiert in Gremien, Komitees, auf Konferenzen. Es gibt nicht die Einheit: deutsche Katholiken – deutscher Katholizismus [...]. Der deutsche Katholizismus ist auf eine heillose Weise mit jener Partei und ihren Interessen verstrickt, die sich als einzige das C (für christlich) angesteckt hat. [...] Carl Amerys Versuch [...] ist eine Stimme einer Generation, die ungefragt (wir waren 15, 16 Jahre alt, als die von unseren Vätern gewählten katholischen Parteien Hitler ermächtigten) für die Kapitulation des deutschen Katholizismus mitverantwortlich wurde, mitgebüßt hat und in einen zweideutigen Zustand geriet. [...] Der deutsche Katholizismus ist in einer geschickten Lage: Wird er nach seiner Loyalität gefragt, zeigt er das Konkordat[1] vor, dessen unselige Folgen Carl Amery exakt beschreibt; wird er um seiner Loyalität willen angegriffen, zeigt er die katholischen Widerstandskämpfer vor, aber ich wiederhole: Widerstand war Privatsache, der offizielle Status war der des Konkordats.[2]

Hier werden wesentliche Kritikpunkte Bölls an der Kirche deutlich. Reaktionen auf solch deutliche und unüberhörbare Kritik ließen nicht auf sich warten; Kirchenvertreter fühlten sich regelrecht zur Stellungnahme gezwungen.

---

1 Konkordat: Übereinkunft von Staat und Heiligem Stuhl; hier: Reichskonkordat von 1933 zwischen dem Heiligen Stuhl und dem nationalsozialistischen Deutschland.

2 H. Böll: Nachwort zu Carl Amery: »Die Kapitulation«. In: H. Böll: Werke. Essayistische Schriften und Reden, Band I (s. u. S. 36), S. 540–43, zitiert nach M. Meid (s. u. S. 37), S. 54 ff.

Böll hat sich mit den »Ansichten eines Clowns« einer sehr freien Form der Dichtung bedient, des Romans. Die Besonderheit der Romangattung gegenüber Lyrik und Drama liegt in der überaus großen Vielfalt an Äußerungsmöglichkeiten.

Diese epische Gattungsform erlaubte Böll die abwechselnde Verwendung von Erzählung und Schilderung – mit betont persönlicher Anteil- und Stellungnahme –, Zeitsprünge und die Verwendung von Dialog und epischem Monolog.

Will man den Typus dieses Romans genauer bestimmen, ergeben sich folgende drei Gesichtspunkte:
– Entsprechend dem stofflichen oder geistigen Gehalt kann man den vorliegenden Roman als Künstlerroman und/oder Liebesroman bezeichnen.
– Gemäß der Erzählhaltung oder Aussageweise ist er ein humoristischer, stellenweise realistischer und idealistischer Roman.[1]
– Der Darstellungsweise nach ist er ein Ich-Roman: Die Hauptperson Hans Schnier erzählt selbst.

Der Roman hat bei seinem Erscheinen heftige Reaktionen in weiten Kreisen provoziert (vgl. unten S. 34 f.), die sich jedoch fast nur auf den kritischen Inhalt der »Ansichten« bezogen. Böll wehrte sich dagegen, lehnte die eingeengt auf politische Aspekte des Romans zielende Rezeption ab und versuchte, den Blick ausdrücklich auch auf die formalen Aspekte zu lenken, die ihm ebenso wichtig waren.

Kennzeichnend für die »Ansichten« sind
– die „Einheit des Ortes": Die gesamte Vordergrundhandlung spielt in Hans Schniers Wohnung,
– das Nebeneinander von erinnerter Vergangenheit (rückblickende Erzählungen), erlebter Gegenwart (Telefonate, Reflexionen) und vorgestellter Zukunft (Pläne und Visionen),

---

1 Inwiefern Bölls Roman ein satirischer Roman ist, wird später ausführlich diskutiert, vgl. Bölls Satirebegriff u. S. 40 ff.

- die überschaubare Anordnung der Personen (vgl. Schaubild S. 6 f.),
- die Erzählperspektive des Clowns. Sie dominiert über eine Vielzahl von Themen und Figuren. Daraus resultiert die häufig als blass kritisierte Darstellung der Romangestalten (vgl. unten S. 34 f.). Denn auch sie existieren nur aus der subjektiven Sicht des Clowns und sie erscheinen durch die gewählte Form und Perspektive häufig nur schemenhaft. Weil es eben nur diese eine Perspektive gibt, wird der Leser förmlich gezwungen, sich in die Sichtweise und Situation des Clowns hineinzuversetzen. Diese Form des Erzählens ermöglicht einen unkomplizierten Zugang zum Roman und setzt dem Leser keine schwer verständlichen Strukturen entgegen.[1]

Entscheidend ist, dass dieser Ich-Roman seine Spannung weniger aus der Aktion, der unmittelbaren Handlung, als vielmehr aus der Reflexion gewinnt. Zwischen der erinnerten Vergangenheit des Ich-Erzählers Hans Schnier und seiner erlebten Gegenwart entsteht ein Spannungsgefüge, also zwischen dem Ich-früher und dem Ich-jetzt. Diese Zweipoligkeit der erzählenden Ich-Figur, auch Ich-Ich-Schema genannt, ist ein Typen bildendes Merkmal des Ich-Romans.[2]

Dadurch, dass Böll durchgängig den Clown erzählen lässt, bietet sich die Gleichsetzung von Erzähler und Autor an, zumal er seinem Romanhelden einiges an eigener Überzeugung und Anschauung in politischer und moralischer Hinsicht mitgegeben hat. Dennoch: Böll ist nicht Hans Schnier, obwohl der Leser häufig seine Gedanken von dem Clown auf den Schriftsteller lenkt. Bölls Sprachrohr ist der Roman als Ganzes, er spricht nicht allein durch die Figur des Clowns.

---

1 Böll hatte in »Billard um halbzehn« modernere Erzähltechniken verwendet, die den Zugang zu diesem Roman erheblich erschweren.
2 Franz K. Stanzel: Typische Formen des Romans. Göttingen, Zürich, Vandenhoeck und Ruprecht ¹¹1987, S. 35.

Bölls Roman wurde 1963 in der »Süddeutschen Zeitung«
vorabgedruckt. Schon das Erscheinen der ersten Folgen
führte zu heftigen Leseräußerungen.

Die katholische Kirche protestierte mehrfach öffentlich gegen
den Roman und die darin enthaltene Katholizismuskritik, ver-
anstaltete Diskussionen und führte eine polemische Kampa-
gne gegen Böll. Selbst ein Hirtenbrief zum Thema »Kritik von
Schriftstellern an der Kirche« wurde verlesen. Der Roman löste zudem eine heftige literaturwissenschaftliche Debatte aus,
sicherlich auch, weil ein prominenter Autor hochrangige Literaturkritiker zur Wortmeldung motiviert. Obwohl üblicher-
weise pro Zeitung immer nur eine Rezension eines Buches
veröffentlicht wird, druckte die »Zeit« sechs Wochen lang kontroverse Kommentare ab. Nicht zuletzt dieser Kritikerstreit
machte die »Ansichten« zu dem meistdiskutierten Buch des
ganzen Jahrzehnts. Die Kommentare können als typisch für
die zeitgenössische literarische Debatte angesehen werden
und spiegeln die lebhafte Leserdiskussion wider. Es gab entweder entrüstete Ablehner oder begeisterte Verfechter des
Romans. Vermittelnde Positionen finden sich weder in der
»Zeit« noch in der regionalen und überregionalen Presse, deren Ton jedoch ungleich schärfer war. Es folgt eine knappe
Skizze der literarischen Diskussion:[1]

Marcel Reich-Ranicki kritisierte, dass Bölls Roman aus zwei
nur locker miteinander verbundenen Teilen bestehe: *einer sozialkritischen Darstellung und einer erotischen Geschichte*[2]. Er
lobte die Liebesgeschichte, bemängelte jedoch Bölls Sozialkritik, die sich *totgelaufen* habe. Verantwortlich dafür sei auch
Bölls Figurengestaltung. Die Figur des Ich-Erzählers sei un-
stimmig, weil der Clown das katholische Milieu zu gut kenne,
obwohl er doch Atheist sei. Andere Kritiker bemängelten, dass

---

1 Die Reich-Ranicki-Rezension und andere lassen sich auszugsweise
   in dem Reclamband von M. Meid (s. u. S. 37) nachlesen.
2 Reich-Ranicki: Die Geschichte einer Liebe ohne Ehe. In: Die Zeit.
   Nr. 19 vom 10. 5. 1963, zitiert nach M. Meid (s. u. S. 37), S. 30–33.

ein 27-jähriger den Erfahrungshorizont der Kriegsgeneration habe und dass die Figuren von Sommerwild und von Schniers Mutter karikierend überzeichnet seien. Die Darstellung der bundesrepublikanischen Wirklichkeit wurde als realitätsfern kritisiert. Reich-Ranicki stellte fest: *Und es sind auch nicht Gestalten, die diesen Roman bevölkern, sondern meist nur aufrecht gehende Namen.* Interessant ist an seinem Ansatz, dass ihm, im Gegensatz zu vielen anderen konservativen Lesern, Bölls Sozialkritik nicht weit genug ging. Die bundesdeutsche Regierung und wesentliche politische Fragen würden nicht berücksichtigt. Die Kritik am Industriellenmilieu bliebe an der Oberfläche und Böll beschönige das Leben einfacher Leute.

Die Verfechter des Romans setzten genau an den skizzierten Kritikpunkten an: *Nun ist aber, scheint mir, Ranickis Hauptthese – Bölls Kritik setze sich nur aus Seitenhieben zusammen, entdecke nicht die Ursachen der Phänomene und sei nicht episch überzeugend dargeboten – schlechthin falsch.*[1] Tatsächlich seien doch die angeführten Schwächen des Romans gerade seine Stärken:

> *Der von Ranicki verkannte Charme des Böllschen Romanes – vor allem des Hans Schnier – besteht doch gerade darin, daß hier ein armer, unbeugsamer Außenseiter das Gefuchtel mit den großen Worten nicht mitmacht.*[2]

Die Verfechter des Romans lobten die epische Idee, aus der Sicht eines Clowns die bundesrepublikanische Wirklichkeit darzustellen. Böll stelle die subjektiven Erfahrungen eines Individuums dar, ohne Anspruch auf analytische Objektivität, und erreiche gerade durch die Optik des Clowns die Leser mit seiner Gesellschaftskritik. Auch der Vorwurf der lockeren Assoziation zweier Geschichten wurde entkräftet: Gerade durch die Beschreibung der Liebesgeschichte zeige sich das wirkliche Leben und verdeutliche dadurch glaubhaft die Einengungen des Individuums in einer katholischen Gesellschaft.

---

1 J. Kaiser: Wovon dieses bewegende Buch handelt. In: Die Zeit. Nr. 22 vom 31. 5. 1963, zitiert nach M. Meid (s. u. S. 37), S. 33f.   2 a. a. O.

Weitere Werke von Böll:

Böll, Viktor (Hg.):
Das Heinrich Böll Lesebuch. Deutscher Taschenbuch Verlag, München ²1983
Auswahl aus dem gesamten Werk Bölls, u. a. Romanauszüge, Essays, Hörspiele, Gespräche, Reden, Interviews

Balzer, Bernd (Hg.):
Böll, Heinrich: Werke. Essayistische Schriften und Reden 1952–1978, Bd. I–III. Kiepenheuer & Witsch, Köln o. J. [1978]
Von besonderem Interesse sind daraus für die »Ansichten«: Frankfurter Vorlesungen, in: Bd. II, S. 34–93

Gesammelte Aufsätze verschiedener Autoren zu unterschiedlichen Aspekten von Bölls Gesamtwerk:

Reich-Ranicki, Marcel (Hg.):
In Sachen Böll – Ansichten und Einsichten. Deutscher Taschenbuch Verlag, München ⁸1985
Darin drei besonders für die »Ansichten« lesenswerte Aufsätze:

Fetscher, Iring:
Menschlichkeit und Humor: »Ansichten eines Clowns«, S. 210–218
Fetscher zeigt, dass der Clown die Restaurationszeit als Kind, dann als Jugendlicher nicht folgenlos durchlebt hat. Seine Deutung des Romans, v. a. aber auch des Clowns, ist sehr verständlich und einfühlsam geschrieben.

Goes, Albrecht:
Die Zahnpastatube in »Ansichten eines Clowns«, S. 218–222
Goes spürt in seinem Aufsatz nahezu unscheinbaren Details der »Ansichten« nach (z. B. Maries Zahnpastatube) und hinterfragt, warum Bölls Sinn für Details so ausgeprägt ist.

Ziolkowski, Theodore:
Vom Verrückten zum Clown, S. 265–275
Ziolkowski vergleicht Johanna Fähmel aus »Billard um halb-

zehn« (1959) und Hans Schnier aus den »Ansichten« (1963). Er zeigt die Veränderung der Figurengestaltung Bölls: von einer von der Gesellschaft ablehnbaren, verrückten und unzurechnungsfähigen Frau Fähmel zu dem Clown, der die Gesellschaft als *Meister der ironischen Verstellung* (S. 274) angreift.

Zehnseitiger lesenswerter Überblick zur Zeitgeschichte und zu Bölls Werk:

Schütz, Erhard H., **Vogt**, Jochen u. a.:
Einführung in die deutsche Literatur des 20. Jahrhunderts, Bd. 3. Bundesrepublik und DDR. Westdeutscher Verlag, Opladen 1980

Literaturwissenschaftliche Analysen und Interpretationen, anspruchsvoll, aber lesenswert; stellenweise konträre Ansätze:

Balzer, Bernd:
Heinrich Böll: Ansichten eines Clowns. Grundlagen und Gedanken zum Verständnis erzählender Literatur. Diesterweg Verlag, Frankfurt am Main ²1992

Götze, Karl-Heinz:
Heinrich Böll: »Ansichten eines Clowns«. Wilhelm Fink Verlag, München 1985 (= UTB 1368)

Wort- und Sacherklärungen, Texte zur Wirkungsgeschichte und zur Diskussion:

Meid, Marianne:
Heinrich Böll: Ansichten eines Clowns. Reclams Universal-Bibliothek Nr. 8192, Stuttgart 1993

Verfilmung:

Ansichten eines Clowns. Kinofilm Januar 1976
Drehbuch: Vojtech Jasny und Heinrich Böll; Regie: Vojtech Jasny; Darsteller: Helmut Griem (Schnier); Hanna Schygulla (Marie) u. a.; Verleih: Constantin

Im Verzeichnis finden sich nur Wörter und Begriffe, die sich nur schwer im Wörterbuch nachsehen lassen oder der Übersetzung bedürfen. Bedeutende Namen, wie z. B. Kierkegaard, können in jedem Lexikon nachgeschlagen werden, sehr hilfreich ist auch der Reclamband von Marianne Meid (s. oben S. 37).

Liturgisches: Choräle, Hymnen, Sequenzen (S. 8)	Chorgesänge in gottesdienstlichen Handlungen
»Tantum Ergo« (S. 9)	Anfang der 5. Strophe einer Hymne: „Pange lingua ..." (lat.: Das Gleichnis lasst uns künden)
Lauretanische Litanei (S. 9)	alter Bittgesang mit Anrufungen Marias
Zustand der Kontemplation (S. 9)	geistige Begegnung mit dem Göttlichen
konvertieren (S. 17) Konversion	Übertritt zu einem anderen Glauben (hier: zum katholischen Glauben)
Flak (S. 23)	Flugabwehrkanone bzw. -artillerie
die jüdischen Yankees (S. 24)	Hinweis auf nationalsozialistische Befürchtungen, die USA würden durch das amerikanische Judentum unterwandert
Defätist (S. 26)	Begriff für Zweifler am Sieg, Schimpfwort
zölibatär (S. 29) Zölibat	Ehelosigkeit aus religiösen Gründen
BDM (S. 35)	„Bund Deutscher Mädchen", Jugendorganisation der Nationalsozialisten
Exeget (S. 39)	Erklärer, Ausleger von Schriftwerken, v. a. der heiligen Schriften
Konvikt (S. 67)	Gemeinschaftsheim, Internat für Schüler und Studenten, hier Priesterseminar
unmartialisch (S. 70)	Gegenteil von Furcht einflößend

Sum frater leonis (S. 74)	lat.: Ich bin der Bruder des Löwen, hier: Wortspiel mit dem Namen des Bruders (lat. leo: Löwe)
Anarchismus (S. 99)	Auflehnung gegen Gesetze, Normen, Ordnungen
romantischer Anarchismus (S. 99)	hier: überschwänglich, gefühlsbetonte Auflehnung
katholon (S. 116)	gemeint ist mit dieser sprachlichen Neubildung das Konzentrat des Katholischen
Agnostiker (S. 144)	jemand, der von der Unlösbarkeit der metaphysischen Frage nach Gott überzeugt ist
Miriam (S. 186)	hebräische Form von Maria
rouge et noir (S. 236)	Anspielung auf Titel eines Romans von Stendhal (»Rot und Schwarz«, 1830). *Rouge* (rot) steht für die republikanische Gesinnung der Hauptfigur, *noir* (schwarz) steht für den Priesterstand
Bardeidag (S. 238)	„Parteitag", Anspielung auf den sächsischen Dialekt Walter Ulbrichts (1893–1973, Vorsitzender des Staatsrates der ehemaligen DDR und Erster Sekretär des ZK der SED)
euphemistisch (S. 250)	schönredend
Rosa mystica ... (S. 230)	lateinische Bittgesänge aus der lauretanischen Litanei
coniux infidelis (S. 256)	lat.: untreue Gattin
mater amabilis ... (S. 260)	lateinische Bittgesänge aus der lauretanischen Litanei
exkommuniziert (S. 263)	Ausschluss aus der kirchlichen Gemeinde als Kirchenstrafe
Adhortation (S. 263)	Ermahnung
Scrutinium (S. 264)	Prüfung eines Bewerbers um ein geistliches Amt durch den Bischof

Inter-pretation

Die Interpretation gliedert sich in zwei größere Einheiten auf: **Teil I** thematisiert vorrangig die Form des Textes, also das W i e. **Teil II** befasst sich mit der inhaltlichen Ebene, dem W a s.[1]

Teil I: Bölls Satirebegriff und die Figur des Clowns

Zweifelsohne lassen sich satirische Elemente in Bölls Roman nachweisen. Es ist deshalb zunächst notwendig, dem Satirebegriff nachzugehen und Bölls poetologische Sichtweise zu beleuchten, um das literarische Gestaltungsprinzip des Romans näher zu bestimmen.

I.1 Die »Ansichten eines Clowns« und die Satire

Böll selbst reflektierte in den »Frankfurter Vorlesungen« von 1964, die sich stellenweise als Kommentar zu den »Ansichten eines Clowns« lesen lassen, über die Begriffe „Satire", „Komik", „Humor", „Ironie" usw. Böll sagte: *[...] es gehört Satire dazu, eine sich immer noch als christlich deklarierende Welt mit dem, was sie als Anspruch stellt, zu konfrontieren.*[2] Hier geht es um das Verhältnis zwischen der von einem Autor kritisierten Wirklichkeit und der Orientierung am Ideal. Das folgende Schaubild stellt das für die Satire charakteristische Beziehungsgeflecht dar, das beim Auseinanderklaffen von An-

---

1 Dieses Kapitel verdankt wesentliche Anregungen der Sekundärliteratur, v. a. K.-H. Götze und B. Balzer, s. o. S. 37.
2 H. Böll: Werke. Frankfurter Vorlesungen (s. o. S. 36), S. 90, zitiert nach K.-H. Götze (s. o. S. 37), S. 69.

spruch und Wirklichkeit entsteht und den Autor und den Leser einbezieht:

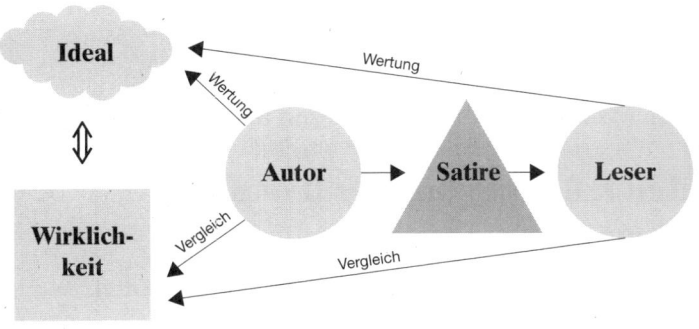

Schillers bekannte Definition der Satire lautet:

> *Satirisch ist der Dichter, wenn er [...] den Widerspruch der Wirklichkeit mit dem Ideale [...] zu seinem Gegenstande macht. Dies kann er aber sowohl ernsthaft und mit Affekt als scherzhaft und mit Heiterkeit ausführen.*[1]

In einer modernen literaturwissenschaftlichen Arbeit heißt es:

> Satire ist *ein sich literarisch äußernder Versuch, zumeist mit den Mitteln der Komik „Scheinwerte" und Widersprüchliches aufzudecken, Anmaßungen zu bestreiten und „Unwerte" zu bezeichnen.*[2]

Genau solche Widersprüche zwischen Wirklichkeit und Ideal deckt Böll durch die Figur des Clowns unentwegt auf. Der

---

1 Friedrich Schiller: Über naive und sentimentale Dichtung. In: ders.: Sämtliche Werke. dtv-Gesamtausgabe Bd. 19. München 1966, S. 143.
2 Jörg Schönert: Roman und Satire im 18. Jahrhundert. Ein Beitrag zur Poetik. Stuttgart 1969, S. 10.

Clown wehrt sich gegen gesellschaftliche Einschränkungen, kämpft gegen *abstrakte Ordnungsprinzipien* an und versucht, seine innere Freiheit gegenüber versteinerten Herrschaftsstrukturen zu bewahren.

Zusammengefasst bedeutet dies: Inhaltlich zielt die Satire auf gesellschaftliche Missstände, greift an, will die Wirklichkeit ändern oder einen Erkenntnisprozess auslösen und setzt eigene Wertvorstellungen gegen die angegriffenen.

Dies allein genügt jedoch noch nicht, um von „Satire" sprechen zu können. Ein wesentliches Merkmal – das sich auf die Form bezieht – ist das der Indirektheit: Gemeint ist die Brechung des direkten Angriffs durch ästhetische Mittel. Komische Kontraste sind dabei wichtigstes Mittel, egal ob dies mittels der Ironie, der Karikatur oder der Parodie geschieht. Zwei Textbeispiele mögen für viele stehen:

– Kritik an der alltäglichen Monotonie und Automatik:

> *Wenn ich mir vorstelle, daß es Clowns gibt, die dreißig Jahre lang dieselben Nummern vorführen, wird mir so bang ums Herz, als wenn ich dazu verdammt wäre, einen ganzen Sack Mehl mit einem Löffel leer zu essen. Mir muß eine Sache Spaß machen, sonst werde ich krank.* (S. 108 f.)

– Entlarvung von Charakteren, die sich nach dem Ende des Nationalsozialismus als Demokraten bezeichnen, sich jedoch nicht geändert haben:

> *Das Telefonmädchen hatte falsch gestöpselt, meine Mutter meldete sich geschäftsmäßig an ihrem schwarzen Apparat: „Zentralkomitee der Gesellschaften zur Versöhnung rassischer Gegensätze." Ich war sprachlos. Hätte sie gesagt: „Hier Frau Schnier", hätte ich wahrscheinlich gesagt: „Hier Hans, wie geht's, Mama?" Statt dessen sagte ich: „Hier spricht ein durchreisender Delegierter des Zentralkomitees jüdischer Yankees, verbinden Sie mich bitte mit Ihrer Tochter."* (S. 32)

Eine Wertung, ob es sich bei den vielen satirisch angelegten Passagen um gute oder misslungene Satire handelt, soll hier nicht vorgenommen werden. Es muss jedoch darauf hingewiesen werden, dass die kontroverse Diskussion der Literaturkritiker immer wieder um den Punkt kreiste, ob Böll in seinem Roman die Wirklichkeit, d. h. die der Bundesrepublik Deutschland, treffend gezeichnet oder karikierend verzerrt hat.

I.2 Bölls *Poetik des Humanen*

Der Roman entspricht in weiten Teilen den oben angeführten Kriterien der Satire. Ihn jedoch ausschließlich als satirisch geplanten Roman zu bezeichnen wird den Absichten des Autors wohl nicht gerecht. Ein Jahr nach Veröffentlichung des Romans konstatiert Böll selbst, dass es nicht seine Absicht war, *Prügel* auszuteilen:

> [...] *sie* [die Leser] *erwarten etwas Freches, etwas Kesses, Gesellschaftskritisches, sie erwarten Zeitkritik, [...] – ob es sich nun um selbstsichere Industrielle handelt oder um Kleriker – sie erwarten Prügel, und seitdem mir das bewußt geworden ist, bin ich nicht mehr bereit, Prügel, wenn auch nur scheinbare, auszuteilen.*[1]

Böll vertritt die Ansicht, dass Satire zwar sein müsse, dass aber der H u m o r der wichtigste Begriff für eine *Poetik des Humanen* sei. Gegenstand seines Humors sei das Asoziale, in dem er *das von der Gesellschaft abfällig behandelte in seiner Erhabenheit*[2] darstellt. Böll sucht sich Außenseiterfiguren und macht sie zu positiven Helden. So wird etwa der Figur des alten Derkum „Erhabenheit" verliehen und dessen Weise, mit Geld umzugehen, zum Maßstab erhoben.

---

1 H. Böll: Werke. Frankfurter Vorlesungen (s. o. S. 36), S. 36, zitiert nach B. Balzer (s. o. S. 37), S. 66.   2 Frankfurter Vorlesungen, a. a. O., S. 88.

Diese Überlegungen führen zur Figur des Clowns, der ein klassisches Beispiel für einen Außenseiter darstellt. Mehr noch: Der Clown macht sogar sein eigenes Vertriebensein zur Rolle.

I.3 Die Figur des Clowns

I.3.1 Der Clown als Außenseiter

Böll personifiziert die Erhabenheit des Asozialen in der Figur des Clowns. Verfolgen wir den literarischen Stammbaum der Clowngestalten, so wird deutlich, dass der Clown Hans Schnier allein schon durch seinen Beruf nicht zur großen Gesellschaft gehört:

Der Clown (engl. für „Tölpel", „Rüpel") kam Anfang des 16. Jh. als lustige Person und in der Charakterrolle des Bauerntölpels im englischen Theater auf, erschien in Komödien und Tragödien, häufig als Gegenfigur zum Pathos des Helden, bis er als Spaßmacher und Hauptfigur in der Pantomime und schließlich im Zirkus oder in der Schaustellerei landete.

Der Clown ist ein Symbol für einen leidenden, außerhalb der Gesellschaft stehenden kritischen Außenseiter, der durch seine karikierenden Parodien der Gesellschaft einen Zerrspiegel vorhält. Der moderne zeitgenössische Clown ist gekennzeichnet durch Subjektivität und Individualität und letztlich auch durch Bindungslosigkeit. Dennoch gehört Hans Schnier nicht zum außerhalb der Gesellschaft stehenden Typus à la Eulenspiegel. Er ist kein provozierender, Unheil anrichtender Schelm, der die Zersetzung von Gemeinschaftsinstitutionen forciert.

Hans Schnier, der sich selbst als Clown bezeichnet und sich gegen gesellschaftliche Einordnungen wehrt, steht zwar außerhalb und kann nur deshalb den *humoristischen Sinn der Welt erfassen und „in abstrakter Form" den Zeitgenossen vorführen. Aber trotz allen Leides, das er von der Gesellschaft erfahren*

hat, bleibt der Clown in Bölls Sinne „human": „Merkwürdiger-
weise mag ich die, von deren Art ich bin: die Menschen." [1]

I.3.2 Der Beruf des Clowns – ein Akt der Befreiung?

Iring Fetscher hat in seinem Aufsatz über Menschlichkeit und
Humor in den »Ansichten« darauf hingewiesen, dass der junge
Hans Schnier aus einem Akt der Befreiung Clown geworden
ist:

> *Der Zorn Bölls [auf die Eliten] ist begreiflich, weil sie
> nicht gehalten haben, was sich die meisten Deutschen
> nach der totalen Niederlage von ihnen erhofften. Ich
> sage Eliten und denke an die Politiker wie an die Prie-
> ster, an die sozialistischen Revolutionäre wie an die bür-
> gerlichen Demokraten. [...] Die »Ansichten eines
> Clowns« (1963) spiegeln diese Entwicklung im Bewußt-
> sein eines sensiblen Knaben, der 1945 erst 11 Jahre alt
> ist und mitten im restaurierten Nachkriegsdeutschland
> die Schule verläßt.* [2]

Der junge Schnier bricht aus den wohlsituierten Verhältnissen
seiner Familie aus, um der Verlogenheit der Gesellschaft be-
gegnen zu können und um der auf Anpassung an die Verhält-
nisse zielenden Mutter zu entgehen. Er hatte traumatisch den
sinnlosen Tod seiner Schwester Henriette erlebt, die seine ehr-
geizige Mutter in den Tod schickte (vgl. Kapitel 4 oder oben
S. 10). Schnier lernt keinen „anständigen" Beruf, macht kein
Abitur, sondern wird Clown und befreit sich:

> *Schnier hatte gesehen, und er mußte es übersteigert, ver-
> deutlichend wiedergeben, indem er pantomimische
> Karikaturen des Gesehenen vorführte: Aufsichtsratssit-
> zung, Bahnhof, Kirchentagsdiskussionen, der Minister
> [...]. Das Talent des karikierenden Imitators beginnt
> sich seit dem Tode der Schwester zu entfalten.* [3]

---

1 T. Ziolkowski (s. o. S. 36 f.), S. 271.
2 I. Fetscher (s. o. S. 36), S. 213 f.   3 a. a. O., S. 215.

Er war ein erfolgreicher Clown, bis ihn Marie, mit der er in eheähnlichen Verhältnissen lebt, verlässt, weil sie *zu den Katholiken übergelaufen ist* (S. 9).

I.4 Der Clown sammelt Augenblicke – zum Titel

> *„Was bist du eigentlich für ein Mensch?" fragte er. „Ich bin ein Clown", sagte ich, „und sammle Augenblicke. Tschüs." (S. 268)*

Böll wollte den Roman ursprünglich »Augenblicke« nennen, fand aber, dass dieser Titel den Anschein der Objektivität enthalte. Der Titel »Ansichten« unterstreicht die subjektive Perspektive des Romans. Dennoch wurde Böll häufig mit seiner Hauptfigur identifiziert oder verwechselt, was Böll mehrfach beklagte.

> Die Gleichsetzung von Autor und Erzählfigur ist zwar verständlich, weil Böll dem Clown viele seiner eigenen politischen Ansichten und moralischen Überzeugungen mitgegeben hat. Der Autor äußert sich jedoch nicht durch die Figur des Clowns, sondern durch den Roman als Ganzes.

Teil II: Schwerpunktthemen des Romans

> Der zweite Interpretationsteil beleuchtet die inhaltlichen Schwerpunktthemen des Romans, spürt der Aussage des Textes nach und zeigt Deutungsmöglichkeiten auf. Bölls Einstellung und seine Gesellschaftskritik werden in Beziehung zum Romantext gesetzt.

II.1 Bölls literarischer Antikatholizismus

Unschwer lassen sich Textstellen ausfindig machen, in denen Katholiken beschimpft und verunglimpft werden:

> [...] um Züpfner, diesen Katholiken [...] (S. 7);
> Es ist grauenhaft, was in den Köpfen von Katholiken vor sich geht. (S. 38)

Diese Zitate ließen sich mühelos um ähnliche erweitern. Ist es da nicht nahe liegend, dass Böll ein pauschaler Antikatholizismusvorwurf gemacht wurde (vgl. oben S. 34)? Es finden sich jedoch auch folgende Textstellen:

> [...] Züpfner, [...] gar nicht mein Typ, aber als Katholik glaubwürdig (S. 242);
> [...] für mich war Marie auf eine so natürliche Weise katholisch, daß ich ihr diese Natur zu erhalten sann. (S. 243)

Bei genauer Lektüre des Buches lässt sich nachvollziehen, dass Böll wieder die Wirklichkeit dem Ideal gegenüberstellt (vgl. oben S. 40 ff.). Er kritisiert die Wirklichkeit in der Form des Verbandskatholizismus, in der Verquickung von Kirche und wirtschaftlicher Macht und in der doppelten Moral. Das durchgängige Thema des Romans – die Verquickung von Kirche und wirtschaftlicher Macht – zeigt sich besonders deutlich in den Kapiteln 2 und 3. Dort erinnert sich der Clown an sein Zusammentreffen mit dem „Kreis fortschrittlicher Katholiken", hält dessen Mitglieder für scheinheilige Opportunisten, die sich dem Thema *Armut in der Gesellschaft, in der wir leben* (S. 17) nur aus Selbstdarstellungsgründen widmen. Der Clown sieht im Kreis eine Zusammenballung von Macht, die dem sozialen Auftrag der christlichen Lehre nicht aktiv nachkommt.

Hans Schniers Ärger über die doppelte Moral der kirchlichen Vertreter wird beim Anruf bei Kinkel sehr deutlich:

> Das Gezische im Hintergrund klang lebensgefährlich [...], und daß dieses Gezische und Gekeife – ich konnte

sogar Geräusche eines Handgemenges hören, Aus und Ahs, Ausrufe wie „du ekelhaftes Biest", „Du brutales Schwein" – in der Wohnung dessen stattfand, der als die „graue Eminenz des deutschen Katholizismus" bezeichnet wurde, trug nicht zu meiner Erheiterung bei. (S. 97)

Ein weiteres Beispiel für die doppelte Moral sind für Schnier die Barockmadonnen im Besitze des Herrn Kinkel, die wohl aus einem Kirchenraub stammen, obwohl es doch heißt: „Du sollst nicht stehlen" (biblisches Gebot). Der Clown nimmt daran natürlich Anstoß.

Die »Ansichten« kritisieren einen Katholizismus, der mit der politischen Macht verbunden ist, der zur Zeit des Wirtschaftswunders unreflektiert politische, soziale und ökonomische Prinzipien übernimmt und der den Bezug zur breiten Masse der Bevölkerung verloren hat.

Hier wird der Katholizismus à la Prälat Sommerwild verurteilt, der sogar als *Salonlöwe* tituliert wird (S. 118).

Böll, selbst Katholik, stellt seiner Sicht der Wirklichkeit das Ideal gegenüber. Der dem Clown fast zufällig einfallende Liedtext: *Der arme Papst Johannes, hört nicht die CDU, er ist nicht Müllers Esel, er will nicht Müllers Kuh* (S. 273) zeigt einen anderen Katholizismus: Der Papst hört eben nicht auf die Parteien und zeigt kein Interesse an außerreligiösen Dingen. Diese Gegenposition wird in Schniers Auffassung deutlich:

Es gab für mich nur vier Katholiken auf der Welt: Papst Johannes, Alec Guinness, Marie und Gregory, einen altgewordenen Negerboxer [...]. Es gab noch ein paar Katholiken mit ziemlich hohem Wahrscheinlichkeitsgrad: Karl Emonds und Heinrich Behlen, auch Züpfner. (S. 77f.)

II.2 Die politischen Verhältnisse

Der Clown greift die Verstrickung von politisch-wirtschaftlicher Macht und Klerus an, wobei Politiker und führende Katholiken nicht völlig ineinander aufgehen: *Nein, nein, so ganz identisch sind die Begriffe noch nicht* (S. 225).

Die elterliche Familie Schnier steht im Zentrum der ökonomischen Macht, hat Verbindung zu Vertretern der staatstragenden Partei sowie der katholischen Kirche. Hans Schnier möchte seinen Bruder Leo vor diesem System bewahren:

> *Er mußte doch begreifen, daß für das, was er seinen Glauben nannte, hier kein Platz war, zwischen Sommerwild und Blothert, in Bonn, war ein konvertierter Schnier, der sogar Priester wurde, ja fast geeignet, die Börsenkurse zu festigen.* (S. 268)

Die Katholiken des Kreises gehören entweder der sozialdemokratischen oder der christdemokratischen Partei an. Wirkliche parteipolitische Gegensätze sind jedoch weiter nicht auszumachen, und die Sozialdemokraten, die nicht an der Regierung sind, partizipieren gleichfalls an der Macht, ohne tragfähige Alternativen zu entwickeln. An anderen Stellen des Buches werden die Parteien dagegen deutlicher voneinander abgegrenzt, z. B. in der Episode mit dem Hund, der gegen das CDU-Wahlplakat pinkelt (vgl. S. 215). Schnier denkt über eine mögliche Hinwendung zu den Sozialdemokraten nach:

> *Diese Sache würde wenigstens nicht schmecken, sie war in ihrer Geschmacklosigkeit die ehrlichste unter den unehrlichen, das kleinste der kleineren Übel.* (S. 250)

Bölls Kritik an den politischen Verhältnissen bleibt jedoch verhalten. Wesentliche Systemkritik enthält nur die Erfurt-Episode, aus der in schöner Ironie deutlich wird, dass der Kommunismus Schniers geistige Heimat nicht sein kann, weil in der DDR *bleiche Fanatiker* (S. 238) an der Macht sind. Sie verteidigen einen Staat, der keine Kritik verträgt und in dem die Bevölkerung keinen Einfluss auf das Regierungsgeschehen hat.

II.3 Die unbewältigte Vergangenheit

Böll personifiziert seine Kritik an der verdrängten Vergangenheit, indem er dieselben Personen einmal im erinnernden Rückblick des Clowns auf Erlebnisse in seiner Kindheit und einmal in der Romangegenwart darstellt. Figuren wie z. B. der Lehrer Brühl oder der ehemalige Jungvolkführer Kalick sind in den Fünfzigerjahren angesehene Persönlichkeiten:

> Brühl *ist jetzt alt, weißhaarig, Professor an einer Pädagogischen Akademie und gilt als ein Mann mit „tapferer politischer Vergangenheit", weil er nie in der Partei war* (S. 24); und Kalick hat *das Bundesverdienstkreuz bekommen wegen „seiner Verdienste um die Verbreitung des demokratischen Gedankens in der Jugend".* (S. 202)

Die in der erinnerten Vergangenheit und die in der Romangegenwart vertretenen Ideologien der Figuren stehen sich diametral gegenüber. Das Überdauern der wirtschaftlichen und politischen Machteliten nach 1945 wird hier sichtbar, die jeweils vertretene Ideologie scheint nebensächlich und problemlos veränderbar. Besonders deutlich wird dies an der am wenigsten sympathisch gezeichneten Figur des Romans, der Mutter des Clowns. Sie behält ihre gesellschaftliche Stellung nach 1945 und passt sich kaltherzig und ohne Reue den veränderten Bedingungen aktiv an:

> *Meine Mutter ist inzwischen schon seit Jahren Präsidentin des Zentralkomitees der Gesellschaften zur Versöhnung rassischer Gegensätze; sie fährt zum Anne-Frank-Haus [...] und hält vor amerikanischen Frauenklubs Reden über die Reue der deutschen Jugend, immer noch mit ihrer sanften, harmlosen Stimme, mit der sie Henriette wahrscheinlich zum Abschied gesagt hat: „Mach's gut, Kind."* (S. 30)

Bölls Kritik wirkt besonders dort provokativ, wo ein Gesinnungswandel ausgeschlossen wird, wie z. B. in der Szene, als Schnier Kalick mit dem Küchenmesser zum Demokraten schlägt, ihn aber anschließend, als er sich an die Vergangenheit erinnert, ohrfeigt.

Voraussetzung für diesen oft nicht echten Gesinnungswandel ist das Vergessen. Diesem Vergessen verweigert sich der Clown:

> *Sie* [seine Mutter] *sagte: „Das kannst du wohl nie vergessen, wie?" Ich war selbst nahe am Weinen und sagte leise: „Vergessen? Sollte ich das, Mama?" Sie schwieg [...].* (S. 32f.)

Das Vergessen und die Vermeidung von Trauerarbeit kann als sozialpsychologischer Mechanismus erklärt werden.[1] Das Wirtschaftswunder wurde unter anderem aufgrund der uneingeschränkten Hinwendung zur Gegenwart und ihren Anforderungen möglich. Der Clown übernimmt stellvertretend die von der Gesellschaft kollektiv abgelehnte Trauerarbeit. Die Melancholie des Clowns wird – psychopathologisch gedeutet – begleitet von Handlungshemmungen und dem Drang zum Erinnern. Das Übernehmen der Trauer, die eine Trauer aller sein müsste, zeigt, dass die Melancholie des Clowns äußere Ursachen hat und keine individuelle Schwäche eines nicht sozialfähigen Individuums ist.

In diesem Sinne kann der Roman als gesellschaftskritisch gewertet werden, weil er eben gerade nicht das persönliche Versagen eines leidenden Clowns thematisiert, sondern weil dessen Leiden dadurch verursacht ist, dass er sich stellvertretend für alle erinnert.

---

1 Jochen Vogt erklärt diesen komplexen sozialpsychologischen Mechanismus anhand der Studie von Alexander und Margarethe Mitscherlich (»Die Unfähigkeit zu trauern«, 1967). Vgl. J. Vogt: Heinrich Böll. Beck Verlag, München ²1987, S. 87 ff., auszugsweise abgedruckt in M. Meid (s. o. S. 37), S. 61–64.

II.4 Das *abstrakte* und das *konkrete* Geld

Hans Schnier unterscheidet genau zwischen Menschen, die er *anpumpen konnte,* und solchen, die er *nur im äußersten Fall um Geld bitten würde* (S. 28). Für die Erstgenannten bedeutet Geld Lebensunterhalt, das *konkrete [Geld], mit dem man Milch kauft und Taxi fährt, sich eine Geliebte hält und ins Kino geht* (S. 190). Geld ist für den Clown zum Ausgeben, für den Konsum da. Das *abstrakte* Geld dagegen ist für die anderen Menschen entscheidend: Das Geld muss Gewinn bringend eingesetzt werden und ist im ökonomischen Sinne Kapital, was letztlich Macht bedeutet. Dazu passt das Verhalten von Schniers Mutter, die *sogar einmal drei Tage Anti-Atomkämpferin gewesen [war],* bis ihr *ein Präsident von irgendwas klarmachte, daß eine konsequente Anti-Atom-Politik einen radikalen Aktiensturz herbeiführen würde* (S. 208). Sie distanzierte sich sofort.

Böll stellt hier dar, dass Geld nicht gleich Geld ist und der Geiz der Mutter sich sogar mit ihrem Reichtum vereinbaren lässt. Die Haltung des Vaters ist ähnlich: *Eine unsichere Sache zu finanzieren fällt mir schwer. Hast du denn nichts gespart?* (S. 168). Dieses auf Wertsteigerung basierende kapitalistische Prinzip lehnt der Clown ab und entsprechend verweigert er sich einer vom Vater Schnier finanzierten, sehr teuren Ausbildung. Der Clown erkennt, dass letztlich das Geld über den Gefühlen des Vaters steht:

> *Er war so fein und zart und silberhaarig, sah so gütig aus und hatte mir nicht einmal ein Almosen geschickt, als ich mit Marie in Köln war. Was machte diesen liebenswürdigen Mann, meinen Vater, so hart und so stark, warum redete er da am Fernsehschirm von gesellschaftlichen Verpflichtungen, von Staatsbewußtsein, von Deutschland, sogar vom Christentum [...], und zwar so, daß man gezwungen war, ihm zu glauben? Es konnte doch nur das Geld sein, nicht das konkrete [...] – nur das abstrakte.* (S. 189f.)

Selbst der Versuch, seinem Sohn gegenüber ironisch zu sein, klappt nicht. Der Vater wollte witzelnd sagen, dass er für die Erziehung des Sohnes sehr viel Geld investiert hatte und dieser dennoch nicht wusste, dass Kognak nicht kalt getrunken wird: *[…], aber die Ironie gelang ihm nicht, sie fror an dem Wort Geld fest* (S. 155).

Das Geld, ein Leitmotiv des Romans, hat also zwei Aspekte, wobei nicht unterstellt werden kann, dass der Clown darauf aus ist, das kapitalistische Wirtschaftsprinzip zu zerstören. Er versucht, sich der Herrschaft des „abstrakten" Geldes zu entziehen, indem er diesem das Prinzip der Verschwendung entgegensetzt.[1] Der Clown geht seiner Vorliebe, Taxi zu fahren, nach, obwohl er sich dies nicht leisten kann (vgl. S. 179f.), oder wirft symbolisch seine letzte Mark aus dem Fenster (vgl. S. 197).

II.5 Die Liebesgeschichte

Böll bettet die Liebesbeziehung zwischen dem Clown und Marie Derkum in das soziale Gefüge der 60er-Jahre ein und transportiert damit die fiktive Beziehung in die (damals) aktuelle Realität. Die Liebesgeschichte, die tragender Bestandteil des Romans ist, gestaltet Böll keineswegs unproblematisch.

Wie schon mehrfach erwähnt, wehrt sich der Clown gegen eine über den einzelnen Menschen hinweggehende verrechtlichte Ordnung. Im künstlerischen Bereich braucht Hans Schnier Ordnung, Genauigkeit und Halt. Im privaten Bereich ist er jedoch wenig organisiert und unordentlich. Marie Derkum, de-

---

1 Vgl. K.-H. Götze (s. o. S. 37), S. 59.

ren Figur im Roman nur schemenhaft und ungenau ist, sorgt für ein notwendiges Minimum an Ordnung und gibt dem Clown Halt. In ihr vereinen sich *Güte, Barmherzigkeit, Menschenliebe,* was Böll *als Kern des Christentums begreifen dürfte.*[1] Marie ist weder Ehefrau noch Hure, sondern eine *barmherzige Frau* (vgl. S. 105 f.).

Im Sinne eines modernen Marienkults ist Marie *eine Frau, die es nicht für Geld und nicht aus Leidenschaft für den Mann tut, nur aus Barmherzigkeit mit der männlichen Natur* (S. 106). Im Attribut der Barmherzigkeit vereinen sich das Sexuelle und das Religiöse.

Marie wird eine traditionelle Frauenrolle zugewiesen, die fernab eines modernen emanzipatorischen Frauenbildes steht. Sie ist die Aktivere im Gemeinschaftsleben: Marie umsorgt den Clown-Mann liebevoll, anspruchslos, nahezu unsichtbar. Der Clown kann deshalb eher passiv sein:

> *Ich hasse unaufgeräumte Zimmer, aber ich bin selber unfähig aufzuräumen. [...] Marie hat so eine geschickte und sehr rasche Art, ein Zimmer aufgeräumt erscheinen zu lassen, obwohl sie nichts Sichtbares, Kontrollierbares darin anstellt. Es muß an ihren Händen liegen. [...] Frauenhände sind schon fast keine Hände mehr; ob sie Butter aufs Brot oder Haare aus der Stirn streichen. Kein Theologe ist je auf die Idee gekommen, über die Frauenhände im Evangelium zu predigen [...].*
> (S. 219 f.)

Der doch so kritische Clown, der sich unentwegt gegen gesellschaftliche Normen auflehnt und diese anzuklagen nicht müde zu werden scheint, bleibt als Mann dem gesellschaftlich geprägten konventionellen Männerbild verhaftet. Er braucht Marie als seine Lebensgehilfin, die ihn bestätigt und für ihn da ist. Böll sieht Frauen in ihrer Funktion für den Mann und setzt sie dadurch – sicherlich unbeabsichtigt – herab. Dass Bölls

---

1 I. Fetscher (s. o. S. 36), S. 216.

Frauenbild nicht nur aus feministischer Sicht kritisiert wurde, scheint heute nicht verwunderlich.

Aber Marie verlässt den Clown: *„Ich muß den Weg gehen, den ich gehen muß."* (S. 84) Sie lebten mehrere Jahre in eheähnlichen, kleinbürgerlichen Verhältnissen, taten *„diese Sache"* (S. 46), zogen sich in ihre gemeinsame Idylle zurück, flüchteten ins Privatleben, spielten unbekümmert Mensch-ärgere-dich-nicht und träumten von gemeinsamen Kindern. Marie hatte zwei Fehlgeburten: *Sie hatte keine regelrechte Fehlgeburt gehabt, aber irgend etwas in dieser Art* (S. 129), *es wäre eine „Frauensache" gewesen, „harmlos, aber scheußlich"* (S. 133).

Sie befanden sich im Spannungsfeld von *freier* und manchmal erwünschter *spießiger* Lebensweise (vgl. S. 187). Ihre Lebensgemeinschaft war in eine Krise geraten. Der Clown, einsam und verlassen zurückgeblieben, erinnert sich zunehmend der Schwierigkeiten und Konflikte während ihrer Beziehung. Die Basis der Gemeinschaft hatte Risse, was sich an den Streitigkeiten zwischen Marie und Hans Schnier ablesen lässt. Beispielsweise führt die belanglos erscheinende Episode mit dem Schuljungen (vgl. S. 129f.) zu einem Streit zwischen Marie und Hans, genauso wie das Erlebnis mit dem Hund, der an ein Wahlplakat pinkelt (vgl. S. 215f.).

Die unterschiedlichen Auffassungen über die Notwendigkeit *abstrakter Ordnungsprinzipien* (S. 79) waren jedoch Kernpunkt der Streitigkeiten. Marie ist katholisch und den gesellschaftlichen Normen und Regeln weitgehend angepasst. Sie strebt nach rechtlich abgesicherter Ordnung und schließt sich weder den Ansichten des Clowns völlig und willenlos an noch denen des Kreises. Sie tut dies auch dann nicht, als es um die Beziehung zum Clown geht:

Marie war weggegangen, und sie hatten sie natürlich mit offenen Armen aufgenommen, und wenn sie hätte bei mir bleiben wollen, hätte keiner sie zwingen können zu gehen. (S. 139)

Der Clown erinnert sich daran, dass Marie während eines Krankenhausaufenthaltes immer wieder fragte, *wo denn die Diagonale zwischen Gesetz und Barmherzigkeit verlaufe* (S. 214). In Marie vereinen sich das Gesetz und die weibliche Barmherzigkeit, ihr ist beides immanent, keines der beiden Attribute überwiegt, weil die Diagonale mitten durch sie hindurch verläuft. Marie hält letztlich an ihren Grundsätzen fest u n d beharrt auf die bestehende Ordnung.

In diesem Zusammenhang ist interessant, dass Böll eine zukunftsweisende Perspektive erdacht hat, weil er das bestehende Recht für nicht tragbar hielt. Er war der Auffassung, dass Frauen rechtlicher Schutz zuteil werden müsse, der sich nicht belastend auswirken dürfe. Er plädierte z. B. dafür, den Unterschied zwischen ehelichen und unehelichen Kindern aufzuheben und die „ehelichen Pflichten", die die gesetzlich verankerte Ehe Frauen gegenüber ihren Männern abverlangt, abzuschaffen. Er vertrat die Auffassung, *daß ein unverheiratetes Zusammenleben die Menschen mehr bindet als eine Ehe, weil diese Pflicht und die rechtliche Institutionalisierung eines Vorgangs wie Beischlaf: ich hab ein Recht darauf, du hast ein Recht darauf, zu absurd ist, um wirklich zu tragen.*[1]

Böll kritisierte damit die Verrechtlichung der Ehe und die Verwaltung des heiligen Sakraments durch den Staat und die Kirche. Folglich wehrt sich der Clown gegen die Eheschließung vor dem Standesamt, nicht aber gegen Maries Wunsch, ihre gemeinsamen Kinder katholisch erziehen zu wollen. Grund für Schniers Abwehr sind wiederum die *abstrakte[n] Ordnungsprinzipien* (S. 79), die über den einzelnen Menschen hinweggehen: *Sie sagte, es ginge jetzt nicht mehr um sie und mich, sondern um die „Ordnung"* (S. 80). Diese Ordnung schafft eben keine Ordnung zwischen den Menschen, sie trägt aber zur Entfremdung bei und schränkt Selbstbestimmung und Individualität ein.

---

1 Bernd Balzer (Hg.): Böll, Heinrich: Werke. Interviews 1961–1978. Köln o. J. [1978], S. 551, zitiert nach B. Balzer (s. o. S. 37), S. 58.

Dass Marie ihrem Weltbild verhaftet bleibt und deshalb den Clown verlassen muss, macht sie zwar oberflächlich betrachtet zu einer Frau, die *gar nicht anders kann als lieben und die auf jeden hergelaufenen männlichen Esel hereinfällt* (S. 120), denn in *manchen Dingen war sie naiv, und sehr intelligent war sie nicht* (S. 144), aber sie bleibt ihrer Auffassung treu. Glaubhaft wirkt sie, wenn sie schreibt: *„Ich muß den Weg gehen, den ich gehen muß"*. (S. 84) Folgerichtig heiratet sie den erfolgreichen Katholiken Züpfner, den ja auch Schnier für ehrlich hält.

Die folgenden Seiten enthalten eine Auswahl wichtiger Fragestellungen aus verschiedenen Themengebieten sowie stichpunktartige Ausarbeitungen. Sie sollen Anregung, Empfehlung und praktische Hilfestellung sein.

? Aufgabe 1

In welchem Licht erscheint der Katholizismus bzw. der Klerus im Roman und welche Rolle spielt die Amtskirche? Konkretisieren Sie anhand des Telefongespräches zwischen Hans Schnier und dem Prälaten Sommerwild deren unterschiedliche Positionen (Kapitel 13).

! Lösungstipp

✔ Kirche erscheint als bürokratischer Verwaltungsapparat zur Durchsetzung gewisser Ordnungen und Gesetze, regelt menschliche Bedürfnisse und moralisiert, Objektivitätsanspruch, übt nachdrücklich Macht aus, gibt sich großzügig und liberal, ist aber in der dargestellten Wirklichkeit doppelzüngig, unbarmherzig und unerbittlich.

✔ Argumentation Schnier:
Habe mit Marie auch ohne Trauung eine „Ehe" geführt, weil im Beischlaf das eigentliche Sakrament der Ehe vollzogen werde. Diese Ehe habe sich an christliche Regeln gehalten (z. B. Treueverpflichtung). Marie lebe nun unmoralisch und begehe Ehebruch mit Züpfner. Vorwurf an Sommerwild, er habe eine *gesetzliche und kirchenrechtliche Lücke* (S. 139) genutzt, obwohl doch die Kirche gegen Scheidung sei und Treue predige. Die Kirche missachte die Probleme des Einzelnen und stelle sich ausschließlich auf die Seite des Rechts. Sie verharmlose und verdränge das sexuelle Element in Beziehun-

gen, vor allem dann, wenn sich jemand gegen die herrschenden Normen stelle und Sexualität als natürlich ansähe.

✔ Argumentation Sommerwild:
Tritt für anerkanntes Recht und Gesetz ein. Ist der Auffassung, dass Marie und der Clown im Konkubinat gelebt haben. Hält Schnier für *so monogam wie ein[en] Esel* (S. 142), der ihm in seiner Unschuld fast Leid tut. Offenbart Schnier die Wahrheit über den Aufenthalt Maries.

✔ Lohnend wäre auch eine Diskussion zu folgenden Themen:
– Kirche kontra Sexualität?
– scheinbare und wahre Moral

?
● **Aufgabe 2**

Wie wird das Thema „Krieg" im Roman behandelt und welche Haltung nehmen die Personen zu ihrer Vergangenheit ein?

!
● **Lösungstipp**

In Kapitel 4 erinnert sich der Clown an seine Kindheitserlebnisse im Krieg (sinnloser Tod der Schwester durch Linientreue der Mutter und Herbert Kalicks Verlangen nach unnachgiebiger Härte = Todesstrafe). Keine unmittelbare Kriegsbeschreibung, sondern Erlebnisse eines elfjährigen Jungen im Zusammenhang mit dem Krieg.

Nach dem Krieg behält die Mutter ihre Prinzipien bei, z. B. sie zeigt keine Reue (S. 30), auch wenn sie nun Vorsitzende eines Komitees *zur Versöhnung rassischer Gegensätze* (S. 32) ist. Das Vergessen ist ihr oberstes Prinzip (vgl. Interpretation, oben S. 50 f.). Herbert Kalick hat Karriere gemacht, Bundesverdienstkreuz, will sich vordergründig mit Schnier aussöhnen, dieser glaubt ihm aber nicht, weil keine wirkliche persönliche Betroffenheit und Schuldeinsicht dahinter steht. Wirkliche Trauerarbeit findet nicht statt. Schnier übernimmt stellvertretend die Trauerarbeit (vgl. oben S. 50 f.). Die Schwierigkeit, nachträglich jemanden zur Rechenschaft zu ziehen, zeigt sich am Beispiel des Kreisleiters Kierenhahn (vgl. S. 207; vgl. zu Derkum auch S. 49).

❓ Aufgabe 3

Stellen Sie die Haltung der Familie Schnier zum Thema Geld und Besitz dar und entwickeln Sie als Gegenbild die Haltung der Familie Wieneken zum Geld. Welches Gesellschaftsbild liegt hier vor?

❗ Lösungstipp

Der Clown setzt sich bewusst von der reichen Gesellschaft ab, wie alle „Helden" Bölls (vgl. auch Interpretation, oben S. 51). Er ist Außenseiter, kommt aus einer Familie, die im Zentrum der Macht steht, und fühlt sich von seiner Schicht angewidert. Vater (Kapitel 15) und Mutter (geizig, prinzipientreu) denken ökonomisch – Geld muss Gewinn bringend angelegt werden –, verschleiern dies durch vorgeschobene moralische Gründe. Geld und Besitz ist dagegen bei der Familie Wieneken Mittel zur Bedürfnisbefriedigung, z. B. sich in Gemeinschaft lustvoll satt zu essen (S. 183). Böll unterscheidet also zwei Richtungen:
1. Leistungs- und Geldvermehrungsideologie als Lebensprinzip untergräbt menschliche Beziehungen: *abstraktes Geld.*
2. Geld dient der Befriedigung von Grundbedürfnissen und hat Tauschwertcharakter: *konkretes Geld.*

❓ Aufgabe 4

Böll hat den Clown mit einer besonderen sinnlichen Wahrnehmungsfähigkeit ausgestattet. Arbeiten Sie die prägnantesten Aspekte heraus und reflektieren Sie jeweils über ihre mögliche Funktion im Roman.

!

● **Lösungstipp**

✔ Nase:
Der Clown kann durch das Telefon Gerüche wahrnehmen (vgl. S. 13: Veilchenpastillen – Kostert, S. 31 f.: Seife und Nagellack – Telefonmädchen, S. 73 und S. 210: Krüllschnitt [Pfeifentabak], Kohl, Zigarre – alter Mönch, S. 87: Zigarette, aber fast nichts – Frau Fredebeul, S. 97: Fleischbrühe – Kinkel, S. 121: Bieratem – Zohnerer, S. 143: mildes Rasierwasser, Rotwein, Zigarre – Sommerwild, S. 217: Parfüm – Monika Silvs, S. 232: etwas Saures, eingelegte Heringe – Mann in Telefonzelle). Aber: S. 87 Geruch nach nichts – Mutter und Geliebte des Vaters – der Clown kann die beiden buchstäblich nicht riechen, sie sind steril. Die Darstellung des außergewöhnlichen Geruchssinns dient der Personencharakterisierung und durchbricht die sonst durchgängig realistische Erzählhaltung.

✔ Auge:
Farben werden immer dann in ihrer symbolischen Bedeutung benutzt, wenn es um das Abwägen von Lebensperspektiven, politischen Ausrichtungen und um Anpassung geht, v. a. gegen Ende des Buches (vgl. S. 236, S. 250 ff.).

✔ Ohr:
Aus *therapeutischen Gründen* (S. 9) bedient sich Schnier immer wieder der Lauretanischen Litanei. Mit ihrer leidensmindernden und auf barmherzige Wirkung ausgerichteten Erwartung sind die Gesänge sicherlich nicht zufällig. Schnier spricht selbst auch von *Fluchtversuch* (S. 109). Das Hören der Mazurka von Chopin ist auch ein formgebendes Element: Es bildet den Rahmen für den Beginn und das Ende der Liebesbeziehung zwischen Hans und Marie (vgl. S. 60 und S. 226 f.).

✔ Auffällig sind weiterhin häufige somatische Reaktionen unseres „Helden", besonders die Kopf-, Magen- und Knieschmerzen. Immer wieder spiegeln körperliche Befindlichkeiten den psychischen Zustand des Clowns (vgl. v. a. Disput mit dem Vater, S. 163 ff., Warten auf Marie am Bahnhof, S. 256 ff.).

?
Aufgabe 5

Nehmen Sie zu folgender (konstruierter) These Stellung: „Der Roman ist körperfeindlich, moralisierend und tabuisiert elementare menschliche Bedürfnisse". Suchen Sie Textstellen, die diese These belegen, und erörtern Sie insbesondere den Gebrauch der Begriffe *„die Sache"* tun, *„fleischliches Verlangen"*. Überdenken Sie auch die Wirkung.

!
Lösungstipp

✔ Relevante Textstellen:

Kap. 7: erste Nacht mit Marie – Licht aus; S. 182 f.: Rotwerden des Vaters und Frau Wienekens – darüber spricht man nicht; S. 120 ff.: Unklarheit, Fehlgeburten, Frauensache, Tabuthema – geheimnisvolle, beängstigende Dinge. Mit Anführungszeichen hervorgehobene Worte *„die Sache"* und *„fleischliches Verlangen"*, als Bezeichnung für den Liebesakt, kommen sehr häufig im Text vor. Wichtig: Schnier trennt *die sogenannte körperliche Liebe* und *die andere* nicht voneinander (S. 46) und sucht einen Begriff für Liebe, die nicht trennt (entscheidende Textstelle: S. 141 f.). Zur Rolle der Frau vgl. Interpretation, oben S. 53 ff.

✔ Zum Nachdenken:

Jeder von uns hat ein paar Autoren parat [...], die, um die Situation ein wenig erotisch aufzuladen, oder sagt man: anzuheizen?, wenigstens eine Tampaxpackung ins Spiel gebracht hätten [...]; aber die ganze Geschichte der Liebesdichtung [...] lehrt: das Direkte ist das Schwächere, die robuste Genauigkeit löscht die Phantasie aus, der mechanische Vollzug langweilt; die Andeutung aber – sie hält mehr, als die Ausführung je versprechen könnte.[1]

---

1 A. Goes (s. o. S. 36), S. 221.

? Aufgabe 6

Schmarotzer oder echter Künstler?
Skizzieren Sie den im Roman dargestellten Kunstbetrieb und entwerfen Sie ein Bild der kulturellen Situation der Gesellschaft (vgl. besonders Kapitel 7, S. 42 f. und Kapitel 10, S. 106 ff.)

! Lösungstipp

Von der gehobenen Gesellschaft werden Scharlatane (z. B. Schnitzler oder Gruber, S. 42) und so genannte Kunstexperten oder künstlerische Menschen gesponsert. Sie schaffen es, als Künstler angesehen zu werden, obwohl sie eigentlich nur Schmarotzer sind. Der Clown jedoch hebt sich davon als echter Künstler ab, ist Außenseiter im öffentlichen Kunstbetrieb, genauer Beobachter alltäglicher Handlungen, arbeitet solide und hält der Gesellschaft einen Spiegel vor. – Arbeitsweise des Clowns beleuchten, vgl. auch Interpretation, oben S. 43 f.

? Aufgabe 7

Erklären Sie das Motto des Romans:

> *Die werden es sehen, denen von Ihm noch nichts verkündet ward, und die verstehen, die noch nichts vernommen haben* (S. 6, vgl. auch S. 213)

Stellen Sie einen Zusammenhang her zu einem Zitat Bölls:

> *die Literatur kann offenbar nur zum Gegenstand wählen, was von der Gesellschaft zum Abfall, als abfällig erklärt wird.*[1]

---

1 H. Böll: Werke. Frankfurter Vorlesungen (s. o. S. 36), S. 71, zitiert nach B. Balzer (s. o. S. 37), S. 14.

! **Lösungstipp**

Abfällig und geringschätzig betrachtet wurden zu Zeiten von Isaias und Pauls die Heiden, das nicht auserwählte Volk. Gerade den von der jüdischen Welt verachteten Völkern widmete sich Paulus in der Absicht, sie zu missionieren. Diese positive Haltung gegenüber dem „Abfall" übernimmt Böll, indem er die Erhabenheit des Asozialen, der Außenseiter zum Gegenstand macht und in den Mittelpunkt stellt. Das Leitmotiv der Gosse (vgl. u. a. S. 11) kann auch in diesem Zusammenhang gestellt werden! Auch der Pater im Konvikt verwendet das Motto Schnier gegenüber; hier jedoch als Art Trost einem Ungläubigen gegenüber, wenn auch begleitet von einem bösartigen Kichern (vgl. S. 213).

? **Aufgabe 8**

Untersuchen Sie den Schluss des Romans. Ist der Utopist Schnier mit seiner Idee der anarchischen Gemeinschaft gescheitert, hat er resigniert?

! **Lösungstipp**

Obwohl der Widerstand des Clowns am Ende des Romans einsam bleibt, ist Schnier nicht verzweifelt. Als Utopist hält er an seiner Idee einer humanen Welt fest, die Individualität zulässt. Schnier ist eher zuversichtlich: – nimmt sich vor, mit seinem Bruder Leo zu reden (vgl. S. 268), – kann wieder besser laufen (somatischer Hinweis, S. 272), – nimmt professionellen Habitus ein (S. 273), – will um Marie weiterkämpfen und ihre Reaktion abwarten (S. 273 f.), d. h. die Idee, eine herrschaftsfreie Gemeinschaft zu verwirklichen, besteht weiterhin.

Viele Kritiker streiten sich allerdings in dieser Frage!